Für dich

Die Deutsche Nationalbibliothek verzeichnet diese Publikation in der Deutschen Nationalbibliografie; detaillierte bibliografische Daten sind im Internet über www.dnb.de abrufbar.

Clean-Eating: Ganzheitliche Ernährung mit natürlichen Zutaten für mehr Energie, Gesundheit und Wohlbefinden (Die Rezepte aus diesem Kochbuch sind 100 % vegan und Low-Fat) von Luise Brechbühler

Studienscheiss GmbH
Oppenhoffallee 143, 52066 Aachen
kontakt@studienscheiss.de
Geschäftsführer: Dr. Tim Reichel, M. Sc.
Registergericht: Amtsgericht Aachen
Registernummer: HRB 19105
USt-IdNr.: DE295455486

1. Auflage, Oktober 2023

ISBN: 978-3-98597-127-5 (Softcover)
ISBN: 978-3-98597-128-2 (PDF)
ISBN: 978-3-98597-129-9 (EPUB)

Lektorat: Diana Steinborn, Gelsenkirchen
Redaktion: Hannah Dautzenberg, Aachen
Layout und Satz: Hannah Dautzenberg, Aachen
Umschlaggestaltung: Tim Reichel, Aachen
Umschlagfoto: Kate Cymmer, Barsinghausen
Foto: Luise Brechbühler, Barsinghausen
Grafik: freepik.com
Herstellung: Amazon oder eine Tochtergesellschaft
Printed in Germany

Luise Brechbühler

Clean-Eating

Ganzheitliche Ernährung mit natürlichen Zutaten für mehr Energie, Gesundheit und Wohlbefinden

veggie +

Inhalt

„Zwischen Essen und Ernähren können Welten liegen“

(Deutsches Sprichwort)

Vorwort

Wie Clean-Eating mein Leben verbessert hat

Hallo, ich bin Luise.

Ich freue mich, dass du dich für eine natürliche und gesunde Ernährung durch Clean-Eating interessierst. Clean-Eating („sauberes Essen“) ist eine der gesündesten und nachhaltigsten Ernährungsformen überhaupt. Im Mittelpunkt stehen frisches Obst und Gemüse sowie andere naturbelassene Lebensmittel ohne künstliche Zusätze. Hoch verarbeitete Lebensmittel sind bei vielen Menschen vor allem in stressigen Zeiten beliebt, doch je mehr wir davon zu uns nehmen, desto weniger Platz bleibt für natürliche und unverarbeitete Nahrung.

In der heutigen Zeit sind wir von einer großen Menge an Informationen überflutet, besonders im Bereich der Ernährung. Uneinheitliche und widersprüchliche Empfehlungen oder Behauptungen fordern uns heraus, uns umfassend zu informieren. Diese Arbeit möchte ich dir mit diesem Buch abnehmen oder zumindest so gut es geht erleichtern. Es soll dir eine alltagstaugliche Hilfestellung bieten, um dich gesund und ausgewogen zu ernähren. Dabei solltest du nicht das Gefühl haben, auf etwas verzichten zu müssen.

Eine wichtige Information vorab: Ich bin keine Ärztin und teile in diesem Buch meine persönlichen Erfahrungen gepaart mit Fachwissen aus meinen Ausbildungen. Meine Tipps und Hilfestellungen ersetzen weder einen Besuch bei einem Arzt noch einem Ernährungsberater. Sie sollen dir vor allem den Einstieg ins Clean-Eating erleichtern und dich auf deinen ersten Schritten in eine gesunde Ernährung begleiten.

Unpopuläre Ausführungen habe ich immer mit entsprechenden wissenschaftlichen Studien hinterlegt. Du wirst somit sehen, dass so manche alteingesessene Lehrmeinung zu Recht hinterfragt werden darf. Ich möchte dir Mut machen, allgemeine Ernährungsmantras wie „Fette sind gut, Zucker ist immer schlecht" kritischer zu betrachten. In diesem Buch werde ich mehr Klarheit und Verständnis dafür schaffen, was eine gesunde Ernährung wirklich ausmacht. Denn genau das steht hinter dem Begriff *Clean-Eating.*

Mein persönlicher Weg zum Clean-Eating war eher von Höhen und Tiefen geprägt. Als ich Kind war, kochte meine Mutter vollwertig. Es gab den sogenannten „Frischkornbrei nach Dr. Bruker", und mehrmals wöchentlich gemüsebasierte Gerichte aus den Kochbüchern von Barbara Rütting. Diese Persönlichkeiten prägten nicht nur die Vollwertkost der 90er-Jahre, sondern auch unsere Familienküche. Doch als junge Erwachsene war die Zubereitung frischer, gesunder Nahrung kein Thema mehr für mich. Ich legte stark an Gewicht zu, bekam unreine Haut, und war wegen meiner Verdauungsprobleme der Verzweiflung nahe.

Jede Diät machte es nur noch schlimmer. Mein Leben fühlte sich anstrengend und frustrierend an, weil ich immer Lust auf Süßes hatte, aber dieser Lust nicht nachgeben wollte. Die Verbote, die ich mir selbst gegenüber Süßigkeiten, Naschereien und Snacks gesetzt hatte, führten aber zu keinem Erfolg: Zum Ende des Tages wurde ich immer wieder schwach.

Als ich irgendwann für einen aktiven Alltag zu träge wurde, wusste ich, dass ich etwas ändern musste. Ich wollte meinem Körper nicht mehr schaden, sondern ihm die Hand reichen. Ich erinnerte mich an die Vollwerternährung aus meiner Kindheit und passte sie an meine Bedürfnisse und die Möglichkeiten der heutigen Zeit an und ernährte mich von dort an vegan und vollwertig. Die Kraft der Veränderung überwältigte mich so sehr, dass ich fortan mit diesem Wissen beruflich tätig sein wollte. Ich wurde zertifizierte Ernährungsberaterin, ganzheitliche Gesundheitsberaterin (IHK) und Beraterin nach

Anthony William. Falls dir dieser Name nichts sagt: Anthony William hat mehrere Bestseller über die Ursachen von Krankheiten und Zusammenhänge von Ernährung und Gesundheit verfasst. In diesem Buch ist an der einen oder anderen Stelle auch der Einfluss von Anthony William herauszulesen. Seit meinen Fortbildungen betrachte ich Ernährung in einem ganzheitlichen Kontext fern von Modediäten. Mit diesen Skills helfe ich auch anderen Menschen dabei, gesund zu sein.

Wenn du clean und vegan isst, ernährst du dich klimafreundlicher, tierfreundlicher und bedarfsgerecht und tust damit direkt etwas Gutes für dich und deine Umwelt. Du kannst dich endlich satt essen, ohne (vielleicht mit einer einzigen Mahlzeit schon) die empfohlenen Tageshöchstmengen an Fett, Salz oder raffiniertem Zucker zu überschreiten. Langfristig ist es damit möglich, ernährungsbedingten chronischen Erkrankungen wie Diabetes Typ 2 oder Übergewicht vorbeugen.

Dieses Buch kombiniert Clean-Eating mit einer veganen Lebensweise, basierend auf erprobtem, praktischen Ernährungswissen. Alle Rezepte sind mit einer Fettangabe pro Portion versehen, damit du nachvollziehen kannst, wie leicht du mit diesen Rezepten in einer gesunden Balance bleibst. Die meisten Rezepte in diesem Buch sind zudem für viele Unverträglichkeiten und Allergien geeignet, da sie weder Gluten oder Milch noch Zusatzstoffe enthalten. Viele der Rezepte sind schnell gemacht und lassen sich auf Vorrat zubereiten, sodass immer ein gesundes „Fast Food“ bereitsteht.

Die cleane und vegane Ernährung hat mir meine Lebensqualität zurückgebracht. Ich wünsche dir, dass du das auch erfahren kannst.

Deine Luise

Wichtige Informationen zum Buch

Du hältst hier ein Kochbuch und Ratgeber für eine der gesündesten Formen der Ernährung in der Hand. Dieses Buch hilft dir dabei, gesund zu sein und das Leben lange genießen zu können.

Mir ist daran gelegen zu betonen, dass der Begriff „Clean“ in Clean-Eating nicht als moralische Wertung oder als negative Beurteilung bestimmter Nahrungsmittel gemeint ist. Stattdessen bezieht sich „Clean“ in diesem Kontext darauf, Lebensmittel zu wählen, die so natürlich, unverarbeitet und vollwertig wie möglich und dabei frei von künstlichen Zutaten, Zusatzstoffen und Chemikalien sind.

In erster Linie soll der Begriff Clean-Eating als Motivation dienen, um dich bewusst mit deiner Ernährung auseinanderzusetzen und gesunde Essgewohnheiten zu entwickeln. Es ist absolut in Ordnung, wenn sich jemand für eine andere Art von Ernährung entscheidet. Dieses Buch soll keine Moralpredigt sein, ganz im Gegenteil: Für mich ist es ein absolutes „No-Go“, die Entscheidungen anderer zu stigmatisieren.

Es ist jedoch erwiesen, dass bestimmte Lebensmittel außerordentlich gesundheitsfördernd sind. Diese Lebensmittel möchte ich in diesem Buch auch als „Cleane Lebensmittel“ deklarieren. Warum auch nicht? Diese fantastischen Lebensmittel müssen hervorgehoben werden!

Die eigene Entscheidung für gesunde Ernährungsgewohnheiten kann nämlich nur dann wirkungsvoll umgesetzt werden, wenn klar ist, welche Lebensmittel für die Gesundheit besonders bekömmlich und welche wiederum problematisch sein können. Einmal informiert, liegt es an dir, eine individuelle Balance zu schaffen, die dir auf allen Ebenen guttut.

Die Informationen in diesem Buch solltest du aber auch nur dann vollständig in die Tat umsetzen, wenn sie sich in dein Leben integrieren lassen. Es bringt nichts, wenn du dich für Clean-Eating so sehr verbiegen musst, dass du dafür Lebensfreude einbüßt. Trotz einer gesunden Ernährungsweise sollte es dir möglich sein, mit deinen Freunden essen zu gehen oder bei Familienfeiern nicht mit leerem Magen dasitzen zu müssen. Vielleicht braucht es bei dir ein paar Anläufe – aber mit ein wenig Geduld wirst du deinen persönlichen Clean-Eating-Weg finden können.

Clean-Eating ist ein nützliches Konzept, um eine gesunde Ernährung zu fördern. Du befasst dich tiefgehend mit deiner Lebensmittelauswahl, weil du den Wert deiner Nahrung kennen und schätzen möchtest. Doch sollte es nicht zu einem obsessiven Ernährungsverhalten kommen. Wenn du glaubst, ein verzerrtes Bild vom Essen zu haben, ziehe dir immer professionelle Hilfe hinzu.

Dieses Buch ersetzt keine Konsultation bei einem Arzt. Ich bin Ernährungsberaterin und ganzheitliche Gesundheitsberaterin (IHK) und habe dieses Buch mit großer Sorgfalt und eingängigen Recherchen verfasst. Da jeder Mensch verschieden ist, kann dieses Buch keine individuelle Beratung oder Konsultation ersetzen.

Meine Ratschläge gelten für gesunde Menschen ohne Allergien, Unverträglichkeiten oder Medikation. Ich empfehle, eine Ernährungsumstellung nach diesem Buch immer mit einem Ernährungsberater oder einer Ärztin abzustimmen und den individuellen Bedürfnissen anzupassen. Darüber hinaus übernehme ich keine Haftung für die Umsetzung der Inhalte.

Küchengeräte/Küchenhelfer

Für die Rezepte aus diesem Buch benötigst du eine kleine Auswahl an Küchengeräten und Küchenhelfern. Nicht alles aus dieser Auflistung ist zwingend notwendig, manches ist „nur“ eine charmante Erleichterung. Einige Geräte und Küchenhelfer wirst du wahrscheinlich bereits besitzen.

- ✔ Hochleistungsmixer (alternativ gewöhnlicher Küchenmixer)
- ✔ Food-Processor (alternativ gewöhnlicher Küchenmixer)
- ✔ Multizerkleinerer (alternativ ein kleinerer Küchenmixer)
- ✔ Stabmixer
- ✔ Kartoffelstampfer
- ✔ Nussmilchbeutel (alternativ Passiertuch)
- ✔ Heißluftfritteuse (alternativ Backofen)
- ✔ Entsafter
- ✔ Küchenutensilien mit Keramikbeschichtung (alternativ Teflonbeschichtung)
- ✔ Silikonformen (alternativ gewöhnliche Formen)
- ✔ Muffinbackform (alternativ andere kleine Backformen)
- ✔ Waffeleisen

Die Grundlagen des Clean-Eatings

Was ist Clean-Eating?

Natürliche Lebensmittel mit geringem Verarbeitungsgrad – das ist das klare Herzstück dieser gesunden Ernährungsform. Industriell verarbeitete und raffinierte Nahrungsmittel werden dagegen ausgeklammert oder zumindest stark reduziert. Clean-Eating inkludiert sättigende Mengen an frischem Obst und Gemüse vorzugsweise aus biologischem Anbau, darunter auch Kartoffeln und Süßkartoffeln. Hülsenfrüchte, glutenfreie Getreidesorten, Gewürze, (Wild-)Kräuter, kleine Mengen Nüsse, Avocados, Trockenfrüchte und anderes ergänzen die Auswahl und machen die Gerichte noch schmackhafter. Manchen ist vielleicht das Konzept „WFPB“ (Whole Food Plant Based) bekannt, das ganz ähnlich ist.

Die Idee hinter dem Konzept des Clean-Eatings ist, den Körper mit möglichst naturbelassenen, frischen Lebensmitteln ausreichend und vielseitig zu nähren, ohne ihn in ernährungsbedingten Stress zu versetzen. Dagegen bildet eine hochkalorische, nährstoffarme Ernährung mit raffiniertem Zucker, Transfetten und raffinierten Weizenprodukten die Grundlage für Verdauungsstörungen, Adipositas (Fettleibigkeit), Krebs, Herzkrankheiten und Diabetes.

Vielleicht denkst du, dass Clean-Eating nichts anderes als Vollwertkost ist – nur in einen neuen trendigen Namen gehüllt. Doch Clean-Eating geht tatsächlich viel tiefer. Ursprünglich sind nämlich bei der reinen Vollwertkost auch Vollmilch, Käse, Sahne, Fleisch, Fisch und Eier integrierbar. Die Ansprüche an die gesundheitsorientierte Vollwerternährung haben sich mit den Veränderungen in unserer Welt jedoch gewandelt. Resistente Keime treten häufiger auf und der Einsatz von Antibiotika in der Tierhaltung verstärkt das Problem. Das Immunsystem muss mit mutierenden Virenstämmen und einer wachsenden Belastung durch Umweltgifte zurechtkommen. All diese Faktoren sprechen dafür, vermehrt rein pflanzliche Vollwertkost zu verzehren, die das Immunsystem stärkt und den Körper bei der Entgiftung unterstützt.

Auch hochwertige glutenfreie Mehle können eine abwechslungsreiche Ernährung bereichern und sind nicht bloß minderwertige Ersatzmehle für Menschen, die an Zöliakie leiden.

Clean-Eating, so wie ich es in diesem Buch beschreibe, ist aus meiner Sicht eine zeitgemäße Weiterentwicklung der früheren Vollwerternährung.

In diesem Buch verbinde ich Aspekte der Vollwerternährung mit veganer Ernährung. Daraus lassen sich Kernaussagen ableiten, die für diese moderne Ernährungsform stehen.

Clean-Eating berücksichtigt in diesem Buch, dass ...

- ✔ ... unraffinierte Kohlenhydrate die treibende Kraft liefern, die uns fit und aktiv sein lässt.
- ✔ ... nicht Proteine, Öle oder Getreide, sondern Obst und Gemüse die wirkliche Grundlage der Ernährung bilden sollten.
- ✔ ... Obst den Körper reinigt und 2 Portionen am Tag nicht genug sind.
- ✔ ... der Verzehr von Fetten (auch von Pflanzenölen) reduziert werden sollte.
- ✔ ... künstliche Zusatzstoffe unmittelbar unser Wohlbefinden schmälern können.
- ✔ ... eine natürliche, pflanzenbetonte Ernährung unverzichtbar ist, wenn es um den Erhalt der Gesundheit geht.
- ✔ ... vegan vor allem dann gesund ist, wenn hoch verarbeitete Lebensmittel weggelassen werden, und vollwertig besonders dann gesund ist, wenn Lebensmittel tierischen Ursprungs weggelassen werden.

Was bewirkt Clean-Eating?

Clean-Eating bietet eine fantastische Chance auf ein gutes und gesundes Leben. Ist es nicht wunderbar, dass du deine Gesundheit schon allein mit dem Essen leckerer Speisen merklich stärken kannst? Dieses Potenzial wird zu selten genutzt, insbesondere wenn Essen nur zur Befriedigung geschmacklicher oder emotionaler Bedürfnisse dient.

Wenn du dagegen – wie beim Clean-Eating – den Großteil deiner benötigten Energie durch nährstoffreiche, gut verdauliche Nahrung zu dir nimmst, hat dein Körper genügend Ressourcen für alle Abläufe zur Verfügung, die dir Wohlbefinden und Gesundheit verleihen. Diese Abläufe können effektivere Reinigungsprozesse sein, z. B. das Ausscheiden von Toxinen über den Darm. Auch Regenerationsprozesse wie die Reparatur von Zellschäden laufen reibungsloser ab. Daher ist Clean-Eating auch ein geeignetes Mittel, um dich nicht nur jünger zu fühlen, sondern dir dies auch anzusehen.

Beim Clean-Eating vermeidest du automatisch die Aufnahme naturfremder Zusätze wie Geschmacksverstärker oder künstliche Aromen. Dadurch werden die Entgiftungsorgane entlastet. Du nimmst eine überdurchschnittliche Menge an Ballaststoffen auf, die die Darmtätigkeit anregen. Das macht sich über eine gut funktionierende, schmerzfreie Verdauung bemerkbar. Die Darmgesundheit profitiert von all den Pflanzenfasern, die den Darm reibungslos passieren können und ihn gleichzeitig von innen reinigen.

Vorteile, die du von einer cleanen Ernährung erwarten kannst

- Heißhunger, Völlegefühl und Abgeschlagenheit sind Phänomene, die in erster Linie bei einer Ernährung mit vielen hoch verarbeiteten Nahrungsmitteln auftreten. Clean-Eating sorgt dagegen für mehr **Wohlbefinden**.
- Du profitierst von verbesserter **Stimmung** und mehr geistiger Klarheit, da Clean-Eating zur Regulierung des Blutzuckerspiegels beiträgt und das Energieniveau stabilisiert. Das führt auch zu mehr **Energie** am Tag und besserem **Schlaf** in der Nacht.
- Deine **Verdauung** verbessert sich. Der hohe Anteil an Obst und Gemüse kann Verstopfungen und Blähungen vorbeugen. Beim Clean-Eating werden viele Ballaststoffe aufgenommen, die auch die unteren Darmabschnitte erreichen und so ein gesundes Darmmilieu fördern.
- Dein **Gewicht** kann sich leichter regulieren (das betrifft sowohl Über- als auch Untergewicht). Durch das Weglassen von raffinierten Zuckern und fettreicher Nahrungsmittel kann Clean-Eating zur Gewichtsreduktion beitragen. Da diese Ernährungsform sehr reich an Ballaststoffen ist, erhöht sie gleichzeitig das Sättigungsgefühl.
- Entzündliche Hauterscheinungen wie **Akne** oder Furunkel gehen zurück, auch am Rücken und Gesäß.
- Dein **Hautbild** wird ebenmäßiger und strahlender.
- Das Risiko, einen Herzinfarkt oder Schlaganfall zu erleiden, verringert sich. Eine vollwertige und pflanzliche (cleane) Ernährung geht mit einem signifikant niedrigeren Risiko für koronare Herzkrankheiten und Schlaganfälle einher.[1]

So definiere ich Clean-Eating

Clean-Eating ist kein geschütztes Konzept. Daher können wir im Internet und Buchhandel die unterschiedlichsten Ansichten und Rezepte über cleane Ernährung finden. Ich zähle dir hier auf, wie ich eine wirklich reinigende und gesundheitsfördernde Ernährung definiere:

- ✔ Nahrung mit keinem oder nur geringem industriellen Verarbeitungsgrad
- ✔ Meiden von Tierprodukten (Eier, Milch und Milchprodukte, Fleisch, Wurst, Fisch, Gelatine)
- ✔ Obst und Gemüse dienen als Sättigungsgrundlage
- ✔ tägliche Rohkost (darunter fällt auch Obst)
- ✔ nährstoffschonende Zubereitungsmethoden
- ✔ abwechslungsreiches Essen
- ✔ Bevorzugen von Bio-Qualität
- ✔ Meiden künstlicher Zusatzstoffe wie Geschmacksverstärker, Stabilisatoren, Konservierungsstoffe, Aromen usw.
- ✔ kein raffinierter Zucker oder künstliche Süßstoffe
- ✔ sparsamer Umgang mit Salz, kein raffiniertes Salz
- ✔ natürliche, pflanzliche Fette in bedarfsgerechten Mengen
- ✔ Bevorzugen von glutenfreien Getreiden (Hirse, glutenfreier Hafer, Reis, Quinoa)
- ✔ gezieltes Hinzuziehen immunstimulierender und entgiftender Lebensmittel wie z. B. wilde Heidelbeeren und Gerstengrassaftpulver

Von allem in Maßen ist gesund?

Weshalb sollte das so sein? Wenn eine Symphonie gut gelungen ist, fügt der Komponist dann etwa ein paar schiefe Töne hinzu, damit sie ausgewogen ist? Es ist ein Irrglaube, dass „alles in Maßen" zu einer gesünderen Ernährung führt. Die Wahrheit ist, dass das „Maßhalten" bei vielen Menschen gar nicht richtig funktioniert oder fehlinterpretiert wird. Zudem sorgen Geschmacksverstärker, Industriezucker und Fett dafür, dass „über alle Maße" hinweg gegessen wird, ohne aufhören zu können.

Es ist richtig, dass der Körper ab und zu ein paar unausgewogene Mahlzeiten kompensieren kann – deswegen sind sie jedoch nicht gesundheitsförderlich. Wenn du dich bewusst für regelmäßige Abweichungen entscheidest, bringt das selbstverständlich nicht all die gesundheitlichen Vorteile ins Wanken, die eine cleane Ernährung bietet. Es ist lediglich nicht der gesündeste Weg, z. B. auch tierische Lebensmittel, hoch verarbeitete Lebensmittel oder Genussmittel in Maßen zu verzehren.

Wusstest du, dass Schokolade, Wein, Kaffee und die Mischung aus Zucker und Fett deshalb als „Seelenfutter" wahrgenommen werden, weil sie süchtig machende Stoffe enthalten? Der Körper reagiert auf den Verzehr mit Hormonen, die dich kurzzeitig auf „Wolke Sieben" schweben lassen, auf Dauer aber den Körper belasten. Dieses Wohlgefühl ist ein anderes als das echte und nachhaltige Wohlbefinden, das du durch eine vitale Ernährung erhältst. Stress oder emotionaler Leere begegnest du am besten nicht mit Pralinen, sondern mit einem Entspannungsverfahren oder indem du dich jemandem anvertraust.

Vergiss aber nicht, dass du deine Balance auch innerhalb einer völlig cleanen Ernährung finden kannst und mit fortschreitender Gewöhnung an natürliche Nahrung auch kein Verlangen mehr nach Industrienahrung haben wirst.

Was bedeutet „ganzheitlich"?

Eine gesunde Ernährung bringt Gesundheit in allen Bereichen des Lebens. Weshalb? Weil alle Bereiche miteinander verwoben sind. Daher ist mir auch das Stichwort „ganzheitlich" so wichtig. Vielleicht hast du dieses Wort schon einmal gehört und bist neugierig, wie deine Ernährung aussehen kann, wenn sie clean und ganzheitlich ausgerichtet ist. Sie bezieht sich dann auf eine bewusste Auswahl von Nahrungsmitteln, die den Körper und Geist in seinem Umfeld und als Ganzes unterstützen. Sie fußt auf frischen, unverarbeiteten Lebensmitteln, einschließlich einer bunten Palette an Obst und Gemüse, einer Auswahl an (glutenfreien) Getreiden, pflanzlichen Proteinquellen und qualitativ hochwertigen Fetten in angemessener Menge. Was du isst, wird schlussendlich ein Teil von dir.

Ist dein Körper mit ausreichend Nährstoffen versorgt, fördert dies sowohl deine Gesundheit als auch dein Wohlbefinden. Neben der Ernährung sind auch Bewegung, ein gutes soziales Umfeld, ausreichend erholsamer Schlaf und eine intakte Umwelt wichtige Faktoren, um ganzheitlich gesund zu sein. Umso eindrucksvoller ist, dass Clean-Eating positiven Einfluss auf all diese Bereiche haben kann. Durch eine gesunde Ernährung hast du mehr Energie für körperliche Aktivität und kannst dein Bewegungspensum steigern. Bewegung und eine gesunde Ernährung setzen stimmungsaufhellende Botenstoffe in Gang. Dein Selbstbild wird positiver. Dein Körper wird zum Wohlfühlzentrum und du möchtest ihn achtsam und würdevoll behandeln. Deine positivere Einstellung zu dir selbst stärkt auch dein Band zu sozialen Kontakten. Ein weiterer Profiteur einer pflanzenbasierten Ernährung ist die Umwelt, da pflanzliche Nahrung viel ressourcenschonender ist.

Auch deine psychische Gesundheit steht in enger Verbindung mit deiner Ernährung. Wenn du dich gesund und „clean" im Sinne dieses Buches ernährst, kann dies eine positive und präventive Auswirkung auf deine psychische Gesundheit haben.

So kann Clean-Eating deine psychische Gesundheit stärken:

Mehrere Zwischenmahlzeiten:
Eine cleane, fettarme und vegane Ernährung erlaubt es dir, öfter und regelmäßiger zu essen. Dadurch bleibt der Blutzuckerspiegel eher stabil und das Gehirn wird ausreichend mit Glukose versorgt. Eine unregelmäßige und kohlenhydratarme Ernährung kann dagegen zu Stimmungsschwankungen und Reizbarkeit führen.

Vitamine fürs Selbstwertgefühl:
Wenn du dich gesund ernährst, kann dies dazu beitragen, dass dein Körper gesund bleibt. Und das fühlt sich gut an. Du merkst, dass du unmittelbaren Einfluss auf dein Wohlbefinden nehmen kannst und dass deine Gesundheit nicht einzig und allein den Schicksalsgesetzen unterliegt. Wenn du dich bewusst um eine gesunde Ernährung kümmerst, zeigt dies, dass du dich selbst wichtig nimmst und dich um deine Gesundheit kümmerst. Eine solche Selbstfürsorge kann die eigene Wertschätzung und das Selbstwertgefühl steigern.

Keine hoch verarbeiteten Lebensmittel:
Ein hoher Anteil an raffiniertem Zucker und Transfetten aus hoch verarbeiteten Lebensmitteln werden mit Depressionen und Angstzuständen in Verbindung gebracht. Indem du diese Lebensmittel meidest und dich mit frischen, unverarbeiteten Lebensmitteln ernährst, kannst du dein Risiko für solche Krankheiten deutlich lindern.

So geht Clean-Eating

Clean-Eating – Eine Anleitung

In diesem Kapitel wird es praktisch. Um in den Genuss der Vorteile zu kommen, die du im vorigen Kapitel über Clean-Eating gelesen hast, ist die richtige Umsetzung sehr wichtig. Dieses Kapitel gibt dir Aufschluss darüber, welche Lebensmittelgruppen große gesundheitliche Vorteile bieten und welche du wiederum meiden solltest. Neben der Thematisierung von verarbeiteten Lebensmitteln gehe ich auch auf verschiedene Zusatzstoffe ein. Außerdem erfährst du, weshalb vegan und fettarm so gesundheitsförderlich sein können. Die Informationen in diesem Kapitel sollen dir helfen, bewusstere Entscheidungen bei der Auswahl deiner Nahrungsmittel zu treffen und dich dabei unterstützen, langfristig von den positiven Effekten des Clean-Eatings zu profitieren.

Obst und Gemüse

Frisches, unverarbeitetes Obst und Gemüse ist die tragende Säule beim Clean-Eating. Den meisten Menschen ist wahrscheinlich nicht bewusst, wie effizient die gesundheitsfördernde Wirkung von Obst und Gemüse tatsächlich ist. Daher möchte ich an dieser Stelle etwas tiefer darauf eingehen.

Viele Menschen leiden unter gesundheitlichen Beschwerden, weil sie nie gelernt haben, welche Ernährungsbedürfnisse ihr Körper hat. Sie machen sich Sorgen über einen Mangel an Fett oder Protein, obwohl sie bereits übergewichtig sind, und nehmen über Jahre hinweg zu wenig sekundäre Pflanzenstoffe zu sich. Sie sehen Obst und Gemüse nur als Nachtisch oder Beilage. Dabei kann eine obst- und gemüsereiche Ernährung die Lebensqualität grundlegend verbessern.

Die Wissenschaft bestätigt das: Eine Metaanalyse von 95 Studien mit insgesamt 2 Millionen Teilnehmern zeigte, dass eine höhere Aufnahme von Obst und Gemüse ein geringeres Risiko für Herz-Kreislauf-

Erkrankungen, Schlaganfälle, Krebs und vorzeitigen Tod darstellt.[2] Je höher der Verzehr von Obst und Gemüse ist, desto größer die gesundheitsfördernden Effekte.

Obst und Gemüse enthalten u. a. Vitamine, Mineralstoffe, Ballaststoffe und Antioxidantien. Diese helfen, den Körper vor Schäden durch freie Radikale zu schützen. Die Antioxidantien aus Obst und Gemüse machen nicht nur die freien Radikale unschädlich, sondern reduzieren auch das Risiko für Entzündungen im Körper. Das senkt wiederum das Risiko für chronische Erkrankungen. Grünes Blattgemüse wie Spinat, Grünkohl und Rucola senken zudem das Risiko für Diabetes Typ 2.[3]

Nähren statt nur sättigen

Obst und Gemüse sättigen aufgrund ihrer Ballaststoffe, weisen einen hohen Wassergehalt auf, enthalten viele Mikronährstoffe bei wenig Kalorien und haben einen schützenden Effekt vor chronischen Krankheiten. Sie enthalten drei Arten von Mikronährstoffen, die für die Gesundheit unabdingbar sind: Vitamine, Mineralstoffe und sekundäre Pflanzenstoffe. Diese Nährstoffe sind bedeutend für ein starkes Immunsystem, verlangsamen den Alterungsprozess und schützen vor Krankheiten.

Besonders unverarbeitetes Gemüse und Obst bieten hochwertige Nährstoffpakete, die unseren Bedarf vollständiger und besser decken als jede andere Kategorie von Lebensmitteln. Gleichzeitig enthalten sie vergleichsweise wenig Kalorien und wirken hydrierend auf den Körper.

Viel buntes Gemüse und Obst, das möglichst schonend zubereitet wurde und ohne Joghurt, Quark, Öl oder andere Beigabe verzehrt wird, ist in unbegrenzter Menge gesund. Es ist kein Kalorienzählen und kein Abwiegen nötig. Es ist nicht nur möglich, sondern auch empfehlenswert, ca. 80 % des täglichen Kalorienbedarfs aus dem

Verzehr von Obst, Gemüse, Pilzen und Hülsenfrüchten zu gewinnen.[4] Obst und Gemüse als Basis der eigenen Ernährungspyramide können das Risiko von Herzerkrankungen, Schlaganfällen und Bluthochdruck nachweislich mindern.[5]

Verarbeitete Lebensmittel

Bei der Verarbeitung von Lebensmitteln werden diese in ihrem natürlichen Zustand verändert, sodass z. B ...

- ✔ ... natürliche und gesundheitsförderliche Bestandteile wie sekundäre Pflanzenstoffe, Mineralstoffe, Wasser oder Ballaststoffe entfernt werden.
- ✔ ... gehärtete Fette, Tafelsalz, Konservierungsstoffe, Geschmacksverstärker, Proteinisolate, Farbstoffe, natürliche und künstliche Aromen, raffinierte Zucker, Emulgatoren, nicht deklarierungspflichtige und gentechnisch verunreinigte Zusatzstoffe und vieles mehr hinzugefügt werden.
- ✔ ... lebensspendende Substanzen (z. B. Vitamine) durch Oxidation oder ultrahohe Erhitzung zerstört werden.
- ✔ ... unbeabsichtigt schädliche chemische Verbindungen wie Transfette, Acrylamid und Nitrosamine, bedingt durch schonungslose hochprozessierte Herstellungsverfahren entstehen.

Gewichtszunahme durch hoch verarbeitete Lebensmittel

Je stärker ein Lebensmittel verarbeitet wurde, desto geringer ist sein Nährwert. Vor allem die hoch verarbeiteten Lebensmittel haben eine geringe Nährstoff- und dafür hohe Kaloriendichte. Ihnen werden oft minderwertige Fette wie Trans- und gesättigte Fettsäuren zugesetzt, aber auch raffinierter Zucker. Die sekundären Pflanzenstoffe, Ballaststoffe und Wasser in natürlichen, unverarbeiteten Lebensmitteln haben üblicherweise einen sättigenden oder gewichtsregulierenden Effekt. Diese werden im Laufe des industriellen Verarbeitungsprozesses jedoch meist entzogen. Die Kombination aus der Beseitigung dieser Stoffe und die Zugabe kaloriendichter Substanzen kann die Entstehung von Übergewicht und Adipositas maßgeblich vorantreiben.

Hoch verarbeitete Lebensmittel sind fast überall verfügbar, relativ kostengünstig und für viele Menschen sehr wohlschmeckend. Dadurch wachsen die Portionsgrößen und es werden bei relativ geringem Sättigungsgrad in kurzer Zeit sehr viele Kalorien aufgenommen.

Erschreckend ist auch, dass nahezu jedes kommerziell beworbene Lebensmittel ein hoch verarbeitetes Lebensmittel ist. Seit der Ausbreitung dieser hoch verarbeiteten Lebensmittel kann ein Rückgang körperlicher Aktivität und die Häufung von Adipositas beobachtet werden.[6]

Können hoch verarbeitete Lebensmittel der Gesundheit schaden?

Abgesehen von dem erhöhten Risiko, fettleibig zu werden, bringen die Lebensmittel mit dem höchsten Verarbeitungsgrad aber auch noch andere schwerwiegende gesundheitliche Nachteile mit sich.

Je mehr hoch verarbeitete Nahrung auf dem Speiseplan steht, desto wahrscheinlicher ist es, dass der Körper nicht bedarfsgerecht genährt wird. Nahrung, der es an antioxidativen Vitaminen und sekundären Pflanzenstoffen fehlt, fördert die Ansammlung von Abfallprodukten in den Zellen, da der Körper diese ohne Nährstoffe nicht entfernen kann. Er gerät unter Stress, wenn sich Defizite an essenziellen Nährstoffen summieren, während er ungeeignete Nahrungsbestandteile wie z. B. Konservierungsstoffe zur Ausscheidung vorbereiten muss. Ein Mangel an substanziellen Nährstoffen und ein Überschuss an anderen Nährstoffen (z. B. ein Übermaß an Fetten) kann die Gesundheit merklich untergraben. Der Alterungsprozess wird vorangetrieben und chronischen Krankheiten Vorschub geleistet.

In einer Studie mit über 44000 französischen Erwachsenen fanden die Forscher heraus, dass ein höherer Konsum von hoch verarbeiteten Lebensmitteln mit einem höheren Risiko für Mortalität verbunden war, insbesondere für Todesfälle aufgrund von Herz-Kreislauf-Erkrankungen und Krebs. Die Studie berücksichtigte auch mögliche verfälschende Faktoren wie körperliche Aktivität, Bildungsniveau und Rauchen, doch der erhöhte Risikozusammenhang blieb bestehen.[7]

Verarbeitete Lebensmittel und Clean-Eating

Hoch verarbeitete Fertigprodukte werden mithilfe von Food-Designern, Chemikern und Technologen entwickelt. Clean-Eating hingegen erfordert nur einen Bauern und einen Koch.

Aus Zeit- und Kostengründen ist die Verwendung gering verarbeiteter Lebensmittel jedoch absolut legitim, denn das Trocknen, Zerteilen, Mahlen oder Erhitzen steht nicht zwingend in Konflikt mit einer cleanen Ernährung. Es kann ungemein stressmindernd sein, einen gewissen Vorrat an haltbaren, wenig verarbeiteten Lebensmitteln (z. B. passierte Tomaten) zu Hause zu haben, um damit gesunde Gerichte selbst kochen zu können. Nachfolgend siehst du eine Liste nicht empfehlenswerter verarbeiteter Nahrungsmittel, die du möglichst nicht in deine Vorräte aufnehmen solltest.

Nicht empfehlenswerte, industriell verarbeitete Nahrungsmittel

- die meisten ungekühlten Komplettmahlzeiten (Rinderrouladen, Hühnerfrikassee)
- viele gekühlte oder gefrorene Mahlzeiten (Tiefkühlpizza, Lasagne)
- raffinierter Zucker, Agavensirup und Süßstoffe
- pasteurisierte Fruchtsäfte
- Softdrinks
- aromatisierte Tees
- vegane Honigalternativen
- Marmeladen mit Agavensirup oder raffiniertem Zucker
- Instant-Produkte (außer Zichorienwurzelkaffee)
- raffiniertes Weißmehl und alle Produkte, die daraus gefertigt sind
- weißer, geschälter Reis
- Fleischersatzprodukte, wenn sie Aromen und/oder Hefeextrakt enthalten
- Sojaprodukte (Sojamilch, Tofu, Sojajoghurt, Sojaschnetzel)
- Aufschnitt und Käse (auch vegane Alternativen)
- pflanzliche Öle
- gezuckerte Frühstückscerealien
- die meisten abgepackten Kuchen, Kekse und Süßigkeiten
- die meisten Snackartikel (Salzstangen, Chips)
- die meisten fertigen Dips, Soßen, Ketchups und Marinaden
- fast alle Proteinpulver
- u.v.m.

Zusatzstoffe

Zusatzstoffe finden insbesondere in Fertignahrung Verwendung. Sie werden eingesetzt, wenn das Nahrungsmittel länger haltbar, attraktiver aussehen oder intensiver schmecken soll. Auch, um so manches minderwertige Nahrungsmittel überhaupt genussfähig zu machen, kommen Zusatzstoffe zum Einsatz.

Je stärker das Endprodukt verarbeitet ist, desto mehr Zusatzstoffe sind in der Regel auch enthalten. Zusatzstoffe ermöglichen den Herstellern, ihre Ware günstig verkaufsfertig zu machen und sie mit größerem Profit zu veräußern. Gesundheitliche Aspekte haben hierbei keine Priorität.

Bedenkliche Zusatzstoffe und ihre cleanen Lösungen

Glutamate E620–E625:
Glutamate (auch Hefeextrakt) reichern sich tief im Gehirngewebe an und können dort Entzündungen und Schwellungen hervorrufen. Glutamate verleiten auch dazu, mehr Nahrungsmasse zu essen, und fördern die Gewichtszunahme.

- ✔ Sauber ersetzbar durch: kleine Mengen Meer- oder Himalajasalz, frische oder getrocknete Kräuter, Gemüsebrühe (ohne Hefeextrakt), Zwiebelpulver und Knoblauchgranulat

Aromen (auch natürliche Aromen) E600–E1520:
Beim Clean-Eating werden Aromen gemieden, denn sie machen das Lebensmittel minderwertiger. Aromen sind für die Lebensmittelindustrie günstige Geschmacksgeber, wo eigentlich frische Früchte oder Gewürze mit ihren Vitaminen und sekundären Pflanzenstoffen stehen sollten. Diese „Geschmacksverirrung“ prägt ein Leben lang und erzieht die Kinder zu einem Leben mit weniger Obst und Gemüse.

- ✔ Sauber ersetzbar durch: gemahlene Vanille, gefriergetrocknete Früchte- und Fruchtpulver, Fruchtleder, Trockenfrüchte. Bei herzhaften Gerichten ersetzbar durch getrocknete Tomaten, Pilze, Gewürze und Meer- oder Himalajasalz bzw. Gemüsebrühe (ohne Hefeextrakt)

Citronensäure E330:
Der Zusatzstoff Citronensäure (auch manchmal als „Zitronensäure" deklariert) hat trotz der Bezeichnung seinen Ursprung nicht bei der Zitrone. Zur Herstellung von Citronensäure wird der meist gentechnisch veränderte Schimmelpilz „Aspergillus niger" verwendet.

- ✔ Sauber ersetzbar durch: Zitronen- oder Limettensaft

Süßstoffe E950–E961:
Immer wieder erscheinen Studien, die die Bedenklichkeit der kalorienfreien „Süße aus dem Labor" infrage stellen. Eine französische Studie aus dem Jahr 2022 erklärte vor allem Aspartam und Acesulfam-K als wahrscheinlich krebserregend, besonders in Bezug auf Brustkrebs und Krebs im Zusammenhang mit Fettleibigkeit.[8]

- ✔ Sauber ersetzbar durch: Ahornsirup, Dattelzucker, Kokosblütenzucker, Dattelpaste, Schorlen ohne Süßungsmittel

Farbstoffe E100–E199:
Einige Farbstoffe wie E100 (Kurkumin zur Gelbfärbung) sind harmlos. Allerdings gibt es auch Farbstoffe, die Hyperaktivität bei Kindern und allergische Reaktionen auslösen können, oder sogar in Verdacht stehen, krebserregend zu sein.

- ✔ Sauber ersetzbar durch: gefriergetrocknete Früchte (zermahlen), Spirulina, Rote Bete und andere färbende Pflanzen

Unbedenkliche Zusatzstoffe

Agar-Agar E406:

Agar-Agar ist ein pflanzliches Geliermittel aus Rotalgen. In Desserts kann es als Alternative zu tierischer Gelatine verwendet werden. Es ist geschmacksneutral und geliert sehr intensiv. Agar-Agar ist in verzehrüblichen Mengen unbedenklich, sollte aber bei der Zubereitung immer in Flüssigkeit aufgelöst werden, um eine nachquellende Klumpenbildung im Rachen und somit eine Erstickungsgefahr bei Kleinkindern und älteren Menschen zu vermeiden.

Guarkernmehl E412:

Das natürliche Verdickungs- und Geliermittel Guarkernmehl wird aus dem Samen der Guarbohne gewonnen. Es kommt in Soßen, Dressings, Backwaren und Eiscremes zum Einsatz und gilt als sicher.

Umstrittene Lebensmittel

Nicht jedes unverarbeitete oder nur gering verarbeitete Lebensmittel ist gleichzusetzen mit einem gesunden Lebensmittel. Auch wenig verarbeitete Lebensmittel können gesundheitlich abträglich sein – z.B., wenn sie von Natur aus so zusammengesetzt sind, dass sie viel Verdauungsenergie kosten und die Leber mit ihrem hohen Fettanteil belasten.

Um eine informierte Entscheidung zu einer gesunden Lebensmittelauswahl treffen zu können, ist ein gewisses Hintergrundwissen zu den gewichtigen Nachteilen hilfreich. Ich habe die folgenden Lebensmittel auch aus dem Rezeptteil herausgehalten. Falls du sie dennoch gern verwenden möchtest, kannst du sie entsprechend ersetzen.

Nicht alle hier aufgelisteten Lebensmittel musst du zwingend meiden - doch kann es sinnvoll sein, wenn du dich rundum gesund fühlen möchtest.

Glutenhaltiges Getreide:
Gluten als „Klebereiweiß“ ist ein Protein, das in vielen Getreidearten wie Weizen, Roggen, Dinkel und Gerste vorkommt. Es verleiht Mehlen gute Backeigenschaften und dient als Hauptzutat für den als Fleischersatz beliebten Seitan.

Gluten wird häufig für Dickdarmentzündungen, Zöliakie, Morbus Crohn oder Reizdarmsyndrom direkt verantwortlich gemacht, doch gibt es auch den Betrachtungsansatz, dass das Gluten bestimmte Viren und Bakterien ernährt, die unangenehme und schmerzhafte Symptome befeuern können.

Wer beim Verzehr glutenhaltiger Getreideprodukte keinerlei Verdauungsbeschwerden hat und sich bester Gesundheit erfreut, kann auch im Rahmen einer cleanen Ernährung gelegentlich Getreide verzehren.

Damit sind aber keine Buttercroissants oder Sahne-Cannelloni gemeint, sondern z. B. gekeimte Getreideflocken.

Ein Vorteil des Glutenverzichts liegt damit auch auf der Hand: Viele Fertiggerichte, konventionelle, fettige oder zuckrige Backwaren sowie fetttriefende Pizzen stehen damit automatisch nicht mehr auf der Einkaufsliste. Du kannst sie bei Bedarf aber in einer gesünderen Variante selbst herstellen.

Kritiker des freiwilligen Glutenverzichts führen oft das Argument einer einseitigen Ernährung und eines drohenden Mangels an Vitaminen und Mineralstoffen an. Die meisten glutenhaltigen Lebensmittel aus den Discountern sind allerdings hoch verarbeitet. Solche Lebensmittel enthalten kaum nennenswerte Mengen kritischer Mikronährstoffe. Bei einer ausgewogenen Ernährung, in der glutenfreie Getreide wie Hirse, Naturreis und glutenfreier Hafer ihren Platz haben, ist die Nährstoffversorgung besser gesichert als mit reichlich Weizentoast, Kuchen, Pasta und Milchbrötchen.

Mais:
Es spricht nichts gegen den Verzehr eines gegarten Bio-Maiskolbens. Doch in den meisten Fällen sind Maisprodukte in hoch verarbeiteten Lebensmitteln enthalten, z. B. in Form von Maissirup in Schokoriegeln. Auch Mais aus der Dose ist wenig nahrhaft. Viele Menschen vertragen auch keinen Mais und sind froh, wenn sie Rezepte ohne Mais finden. Die cleanen Rezepte aus diesem Buch sollen möglichst viele Menschen glücklich machen, weswegen ich auf Mais ganz verzichtet habe. Wenn du jedoch gerne Mais verwenden möchtest, kannst du ihn natürlich auch in meine Rezepte integrieren.

Soja:
Sojaprodukte wie z. B. Fleischersatzprodukte finden sich meist in der Gruppe der hoch verarbeiteten Lebensmittel. Aber auch die weniger verarbeiteten Lebensmittel machen Soja nicht für jeden attraktiv: Für viele ist Soja mit Unverträglichkeiten verbunden, sofern sie nicht sogar allergisch auf Soja reagieren.

Nährhefe (Hefeflocken) und Backhefe:
Viele vegane Rezepte enthalten Nährhefe. Diese inaktive Hefe verleiht Würze und gilt sogar als besonders gesund, da sie B-Vitamine liefert. Doch Nährhefe hat einen großen Nachteil, der die Vorteile überschattet. Sie enthält eine speziell nur in ihr vorkommende Glutaminsäure, die stark reizend auf die Darmschleimhaut wirkt. Betroffene von Zöliakie und dem Reizdarmsyndrom sollten Nährhefe am besten ganz meiden, da sich ihre Symptome sonst verstärken könnten. In meinen Rezepten ist keine Nährhefe und keine Backhefe enthalten, da das Immunsystem auch bei völlig gesunden Menschen empfindlich auf Hefe jeglicher Form reagiert.

Essig:
Essig kann den Zahnschmelz schädigen und langfristig zu schwerwiegenden Zahnproblemen führen, insbesondere wenn Essig über längere Zeit konsumiert wird.[9] Weitere mögliche Beschwerden wie Sodbrennen, Übelkeit und Erbrechen weisen auf die negative Wirkung auf den Verdauungstrakt bei einigen Menschen hin.[10] Essig gilt als verdauungsfördernd und darmfreundlich, doch er stresst die Leber ähnlich wie Alkohol.

Durch die enthaltene Essigsäure ist Essig zudem leicht dehydrierend. Das wiederum wirkt sich u. a. auf die Haut aus, die dann trockener und älter aussieht. Solltest du dennoch Essig verwenden wollen, ist eine zusätzliche Wasserzufuhr ratsam. In vielen Fällen lässt er sich jedoch gut durch frischen Zitronensaft oder Verjus ersetzen. Wenn du auf Essig nicht verzichten kannst, rate ich dir zu kleinen Mengen naturtrüben Apfelessigs anstelle von Balsamessig oder anderen Essigsorten.

Vegan

Bei einer veganen Ernährung finden keinerlei tierische Produkte wie Milch, Eier oder Fleisch Verwendung. Auch versteckte tierische Zutaten, wie mit Gelatine geklärter Wein oder tierische Inhaltsstoffe in Zusatzstoffen sind für Veganer keine Option. Die Clean-Eating-Ernährung im Sinne dieses Buches ist so natürlich und so wenig verarbeitet, dass du solche versteckten Bestandteile nicht mehr „aus Versehen" konsumierst. Und weshalb ist das wichtig für die Veganer? Es gibt viele Gründe, weshalb Menschen sich entscheiden, vegan zu leben. Im Folgenden zähle ich dir einige von ihnen auf, die vielleicht auch für dich interessant sein könnten.

Gesundheitliche Vorteile

In den letzten Jahren sind viele Studien erschienen, die eine obst- und gemüsebasierte vegane Ernährung ohne hoch verarbeitete Lebensmittel als gesundheitsförderlich beschreiben. Sie heben auch die Vorteile gegenüber einer Mischkost hervor. Demnach kann sie z. B. das Risiko für Herzkrankheiten, Diabetes und bestimmte Krebsarten senken. Sich gesund vegan zu ernähren kann auch dazu beitragen, ein gesundes Körpergewicht zu erreichen und zu halten.[11, 12]

Prof. Dr. T. Colin Campbell führte die weltweit bisher ausführlichste, auf über 30 Jahre angelegte Ernährungsstudie „China Study" durch. Diese Studie belegt eindrucksvoll die gesundheitlichen Vorteile einer veganen Ernährung. Campbell betonte darüber hinaus in einem Fachartikel, dass eine pflanzliche Ernährung das Risiko für chronische Krankheiten reduzieren kann, während Tierprodukte und verarbeitete Lebensmittel das Risiko erhöhen können.[13] Bemerkenswert ist auch eine weitere Studie[14], laut der Menschen, die schon 20 Jahre mit Diabetes Typ 2 lebten und sich täglich bis zu 32 Einheiten Insulin spritzten, nach nur 13 Tagen das Insulin absetzen konnten. Dieses erstaunliche Resultat kam durch eine (cleane) kohlenhydratreiche, ballaststoffreiche vegane Ernährung zustande.

Tierprodukte sind zudem nachweislich stärker mit Umweltgiften belastet als pflanzliche Lebensmittel. Etwa 70 % aller aus Lebensmitteln aufgenommenen Dioxine und PCBs befinden sich in Eiern, Milchprodukten, Geflügel-, Rinder- und Schweinefleisch.[15] Regelmäßig aufgenommen haben diese Gifte eine schädigende Wirkung auf das Nerven-, Immun- und Hormonsystem und beeinträchtigen die Fortpflanzungsfähigkeit. Diese Substanzen können auch Krebs verursachen.[16] Ausführliche Informationen über die Nachteile, die tierische Lebensmittel mit sich bringen, kannst du im Bonusmaterial nachlesen.

Woher du die Proteine bekommst

Viele Menschen denken sofort an ein mögliches Proteindefizit, wenn sie etwas über vegane Ernährung hören und lehnen sie vielleicht deshalb sogar ab. Doch ein Mangel an Proteinen ist bei fast jeder Ernährungsform weniger wahrscheinlich als ein Mangel an Vitaminen sowie sekundären Pflanzenstoffen die wir ausschließlich über pflanzliche Nahrung beziehen können. Der Proteinbedarf kann über eine cleane, vegane Ernährung in jeder Phase des Lebens durchaus gedeckt werden.[17] Ein Proteinmangel ist in den Industrieländern äußerst selten, da es bei ausreichender Kalorienzufuhr kaum möglich ist, zu wenige Proteine aufzunehmen. Weitaus häufiger leiden Menschen an Symptomen eines Proteinüberschusses, der sich z. B. in Gewichtszunahme, Mundgeruch, Libidoverlust sowie in manchen Fällen auch in Leber- und Nierenschäden äußern kann.

Es ist entgegen einer weitverbreiteten Auffassung nicht notwendig, pflanzliche Proteinquellen mit unterschiedlichen Aminosäuren innerhalb einer Mahlzeit so geschickt zu kombinieren, dass sie der Qualität tierischer Proteine ebenbürtig werden. Die Aminosäuren (das sind die Bausteine der Proteine) ergänzen sich nämlich innerhalb eines Tages und nicht innerhalb einer Mahlzeit.[18] Hochwertige Proteinquellen wie Hülsenfrüchte, grünes Gemüse, rohes Blattgemüse (z. B. in grünen Smoothies und Salaten), Haferflocken, Nüsse, Samen und andere cleane Lebensmittel tragen zur entspannten Versorgung selbst mit kritischen Nährstoffen bei. Deshalb habe ich auch auf Tabellen mit Proteinquellen und entsprechenden Proteinmengen verzichtet. Ich möchte dich ermutigen, das Thema „Proteine“ nicht zur Priorität zu machen, sondern den Fokus auf eine bedarfsdeckende Versorgung mit vielen Portionen fettarm zubereiteter Pflanzenkost zu legen.

Es ist bei einer abwechslungsreichen veganen Ernährungsweise mit vielen cleanen Lebensmitteln auch nicht notwendig, die Ernährung mit Proteinpulvern und -riegeln zu ergänzen. Wenn du darauf dennoch nicht verzichten möchtest, kannst du zusätzlich ein ungesüßtes Hanfproteinpulver verwenden. Achte jedoch darauf, dass es keine Zusätze wie Aromen oder Süßstoffe enthält.

Ist vegan nicht gleichbedeutend mit „clean“?

Noch vor wenigen Jahrzehnten waren Veganer aufgrund des reduzierten Angebots pflanzlicher Fertiggerichte darauf angewiesen, ihre Gerichte frisch und obst- sowie gemüsebasiert zuzubereiten. Vegane Ernährung war daher grundsätzlich sehr natürlich. Heute sind nahezu alle Dessert-, Fast-Food- und Fertiggerichtvariationen auch mit veganer Rezeptur erhältlich. Vegane Produkte wie Aufschnitt, Käsealternativen und Fleischersatzprodukte sollen möglichst authentisch nach ihren tierischen Pendants schmecken, wozu Glutamate, viel Salz, Fett und Aromen beigemischt werden. Viele Fleischersatzprodukte wie vegane panierte Schnitzel und vegane Salami sind hoch verarbeitete Lebensmittel und daher aus gesundheitlicher Sicht nicht empfehlenswert. Vegan ist also kein Synonym für „clean“.

Low Fat

Fette sind neben Kohlenhydraten und Proteinen der dritte Grundnährstoff in der Ernährung. Das bedeutet jedoch nicht, dass Fette denselben Stellenwert in der Ernährung einnehmen sollten wie die Kohlenhydrate. Fett ist objektiv betrachtet ein Energieträger und Makronährstoff. Über die Funktion im Körper und die tatsächlich benötigte Menge wird kontrovers diskutiert.

Die Qualität von Fetten kann sehr unterschiedlich sein – genau wie beim Zucker. Es gibt in beiden Fällen naturbelassene sowie raffinierte Qualitäten. In beiden Fällen ist die naturbelassene, unraffinierte Qualität die gesundheitsförderliche.

Wir benötigen natürliche Fette. Sie sind u. a. an der Bildung von Zellmembranen und Hormonen beteiligt. Doch es besteht im Allgemeinen ein völlig verzerrtes Verständnis darüber, welche Mengen und Qualitäten fetthaltiger Nahrungsmittel diesen Aufgaben Rechnung tragen und was mit einem Zuviel an aufgenommenen Fetten im Körper passiert.

Laut vielen Ärzten reichen bereits 10 % der Gesamtenergiemenge aus Fetten aus, um Aufgaben wie die Aufnahme fettlöslicher Vitamine sowie die Bildung von Hormonen und Zellmembranen zu erfüllen. Der auf seinem Gebiet versierte Anthony William empfiehlt etwa 2 bis 5 %[19]. Eindeutig positioniert sich auch die Deutsche Gesellschaft für Ernährung: Eine niedrige Fettzufuhr wirkt sich günstig auf den Fettstoffwechsel aus, wogegen viel Fett das Risiko für Übergewicht erhöht.[20]

Im gesunden Low-Fat-Kontext dieses Buches werden nur natürliche, gesunde Fette verwendet und das mit maximal 10 bis 15 % gerechnet auf die täglichen Gesamtkalorien. Du wirst sehen, dass diese Fettmenge schnell erreicht ist, vor allem wenn du Öle verwendest. Um dich richtig gesund satt essen zu können, ist es daher ratsam, Öle sehr vorsichtig zu dosieren oder lieber ganz wegzulassen, und mit Fetten generell sehr bewusst umzugehen.

Für deine Ernährungsroutine:

Bei einer Energiezufuhr von 2000 kcal können 200 bis 300 kcal aus den gesunden Fetten von Nüssen, Nussmus, Avocado oder Kokos stammen – diese solltest du also etwas im Auge behalten. Lebensmittel, die natürlicherweise sehr geringe Mengen an Fetten beinhalten, müssen nicht eingeschränkt werden. Darunter fallen z. B. Lebensmittel wie Kopfsalat oder Bananen. Im Rezeptteil gibt es kein Rezept mit 0 g Fett pro Portion – denn jedes Lebensmittel enthält von Natur aus sehr geringe Mengen Fett. Daher sind immer mindestens 0,5 g Fett angegeben. Idealerweise kommst du so auf eine Gesamtmenge von etwa 22 bis 33 g Fett pro Tag. (Hierbei handelt es sich um eine Beispielrechnung für eine Frau mit einem Kalorienbedarf von 2000 kcal pro Tag, sofern kein individuell erhöhter Bedarf an Fetten vorliegt, der eine höhere Fettzufuhr rechtfertigt.)

Die nachfolgende Tabelle gibt einen Überblick darüber, wie viele Fettkalorien 100 g pflanzliche Nahrung bietet. Daraus geht hervor, dass alle natürlichen Lebensmittel einen Teil zur Deckung des Tagesbedarfs an gesunden Fetten liefern und dass es nicht zwingend notwendig ist, hochkalorische Fettquellen wie Öle einzubinden.

217 kcal aus Nahrungsfetten kannst du z. B. aus 50 g Avocado, 500 g Brokkoli, 200 g Quinoa, 600 g Äpfel sowie 500 g Bananen aufnehmen – das entspricht einem Fettäquivalent von 1 ½ bis 2 EL Olivenöl (ebenfalls insgesamt 217 kcal aus Fetten).

Ein Überblick über 100 g vegane Lebensmittel und ihre Kalorienzahl aus Fetten:

Lebensmittel	Fettgehalt pro 100 g	kcal aus Fett
Äpfel	0,2 g	1,8 kcal
Avocado	15,0 g	135,0 kcal
Bananen	0,3 g	2,7 kcal
Brokkoli	0,4 g	3,6 kcal
Cashewkerne	44,0 g	396,0 kcal
Chiasamen	30,7 g	276,0 kcal
Erbsen	0,4 g	4,0 kcal
Haferflocken (glutenfrei)	7,0 g	63,0 kcal
Hirse	3,0 g	27,0 kcal
Kichererbsen	6,0 g	54,0 kcal
Kidneybohnen	0,5 g	4,0 kcal
Kokosmilch	22,0 g	198,0 kcal
Kokosöl	100,0 g	900,0 kcal
Leinsamen	42,2 g	380,0 kcal
Linsen	1,1 g	10,0 kcal
Mandelmilch	1,1 g	9,9 kcal
Maronen	2,3 g	20,7 kcal
Oliven	15,0 g	135,0 kcal
Olivenöl	100,0 g	900,0 kcal
Quinoa	6,0 g	54,0 kcal
Schwarze Bohnen	0,9 g	8,0 kcal
Walnüsse	63,5 g	567,0 kcal

Vorteile einer fettarmen Ernährung

Wer sich fettreich ernährt, isst tendenziell weniger Obst, Gemüse und andere vollwertige Lebensmittel, was u. a. zu einem Mangel an Vitamin C, Folsäure und Kalium führen kann. Es ist essenziell für die Gesunderhaltung des Körpers, dass ausreichend frisches Obst und Gemüse auf dem Speiseplan steht.

Daher gehört für mich zum Clean-Eating auch die ernährungsphysiologisch sinnvolle Maßgabe, Fette in der Ernährung stark zu reduzieren und dennoch den Bedarf aller notwendigen Fettsäuren abzudecken. Dies geschieht in der Regel über eine vielseitige und abwechslungsreiche pflanzliche Ernährung, so wie sie in diesem Buch beschrieben ist. Leinsamen, Chiasamen und Walnüsse können dazu in kleinen Mengen Einzug in den Speiseplan finden, damit das Verhältnis zwischen Omega-6- und Omega-3-Fettsäuren stimmig ist. Ich empfehle darüber hinaus die Aufnahme eines pflanzlichen Algenöls mit DHA und EPA-Fettsäuren, da diese die saubersten Omega-3-Fettsäuren liefern. Hierzu reicht meist 1 Kapsel pro Tag aus (in bestimmten Fällen empfehle ich individuell mehr).

Diese Vorteile kann eine fettarme Ernährung bieten:

Krebs vorbeugen:
Es gibt Hinweise darauf, dass eine fettreiche Ernährung das Risiko für bestimmte Krebsarten wie Brust- oder Darmkrebs erhöhen kann.[21]

Gesünder für das Herz:
Dr. Caldwell Esselstyn ist renommierter Kardiologe und Autor des Buches „Prevent and Reverse Heart Disease“ (dt. Vorbeugen und Umkehren von Herzkrankheiten). Seine Kernaussage besteht daraus, dass eine Ernährung mit einem geringen Fettanteil das Risiko von Herzkrankheiten reduzieren kann. In seinen umfangreichen Forschungen hat er gezeigt, dass eine pflanzliche Ernährung mit wenig oder keinem Fett das Fortschreiten von Herzkrankheiten stoppen

und sogar rückgängig machen kann.[22] Eine Ernährung mit einem zu hohen Anteil an gesättigten Fettsäuren (z. B. aus Fleisch, Butter, Sahne, Käse, hoch verarbeiteten veganen Lebensmitteln wie Käseersatz) kann dazu führen, dass sich Fett in den Arterien ablagert und diese verengt. Dadurch erhöht sich das Risiko von Herzkrankheiten und Schlaganfällen.

Besser für das Gewicht:
Die Deutsche Gesellschaft für Ernährung (DGE) erklärt, dass ein erhöhter Fettverzehr bei unkontrollierter Energiezufuhr das Risiko erhöht, übergewichtig oder fettleibig zu werden[23]. Dabei ist es völlig unerheblich, ob es sich um einfach ungesättigte Fettsäuren oder Transfettsäuren handelt. Zu viele Fettkalorien werden zu dem Fett, das am Ende auf den Hüften landet.

Der Körper arbeitet immer möglichst effizient. Bei einem Kalorienüberschuss aus Fetten und Kohlenhydraten speichert er bevorzugt die Fette aus der Nahrung ein, da sie bereits in Form von Fetten vorliegen.[24] Kohlenhydrate müssten erst in Fettsäuren umgewandelt werden, die dann die Fettzellen füllen. Das ist für den Körper ein unverhältnismäßiger Aufwand. Unter normalen Umständen werden weniger als 1 % der Kohlenhydrate in Fett umgewandelt.[25]

Für die Nährstoffversorgung:
Eine fettreiche Ernährung kann sich negativ auf die Absorption von Nährstoffen und auf die Verdauung auswirken. Insbesondere kann sie den Transport von Nährstoffen, die normalerweise zusammen mit Glukose im Darm aufgenommen werden, beeinträchtigen.

Wenig Öl ist natürlicher:
Pflanzliche Öle gelten als natürlich, doch sie tropfen nicht einfach so vom Baum. Sie werden aus Pflanzenteilen zu Ölen gemacht – in vielen Verarbeitungsschritten und oft unter Zuhilfenahme von Chemie. Öle sind zu 100 % pures Fett. Sie sind sogar fett- und kalorienhaltiger als Butter, die zu über 10 % aus Wasser besteht. Vitamine, Mineralstoffe, Ballaststoffe und sekundäre Pflanzenstoffe sind in Ölen nur noch in

Spuren vorhanden. Ein Großteil des ursprünglich natürlichen Lebensmittels wird entfernt, um das reine Fett zu gewinnen.

Die vielen Kalorien aus Öl sind ähnlich leere Kalorien wie solche aus Haushaltszucker. Ein Esslöffel Sonnenblumenöl hat mit Sonnenblumenkernen in etwa so viel gemeinsam wie ein Esslöffel Haushaltszucker mit Zuckerrüben. Vielen Menschen ist nicht bewusst, dass Öle zum Zwecke der Genießbarkeit und Haltbarkeit industriell verarbeitet wurden. Die meisten Öle werden durch Chemikalien und Hitze sogar so stark denaturiert, dass sie demnach *kein* natürliches Lebensmittel mehr sind.

Aus den oben genannten Gründen kommen im Rezeptteil (außer geringe Mengen Kokosöl) keine Öle vor. Die Rezepte sind daher geschmacklich ansprechende Alternativen für Gerichte, in denen für gewöhnlich Öl Verwendung findet. Einige Rezepte enthalten etwas mehr Fette, diese stammen jedoch aus den natürlich fetthaltigen Nahrungsmitteln selbst (z. B. Mandeln) und nicht aus dem Auszugsprodukt Öl. Wenn du mehr darüber erfahren möchtest, wie stark Öle denaturiert sind, und welche Nachteile pflanzliche Öle noch haben, kannst du dich im Bonusmaterial ausführlich darüber informieren.

Zuckerfrei

Viele Menschen möchten zuckerfrei essen, um sich etwas Gutes zu tun. Bei raffinierten Zuckern (und all den fetthaltigen Snacks, in denen er steckt) ist das eine gute Idee. Raffinierter und hoch prozessierter Zucker ist für den Körper eine Belastung und gehört nicht in das Clean-Eating-Konzept. Darunter fällt der weiße Haushaltszucker, aber auch brauner Haushaltszucker, Rohrohrzucker, Agavensirup, Glukosesirup sowie Glukose-Fruktose-Sirup, Maissirup und viele andere Begriffe, hinter denen sich raffinierter Zucker verbirgt.

Doch leider wird auch natürlicher Zucker häufig in dieselbe Schublade gesteckt. Es heißt, der Körper zerlege diesen genauso in die kleinen Bausteine wie raffinierten Zucker. Diese Behauptung lässt allerdings außer Acht, dass natürlicher Zucker eben nicht nur ein Geflecht aus vielen leeren Kalorien ist, sondern alle nötigen Begleitstoffe mitbringt, die der Körper für eine gesunde Verstoffwechslung benötigt. Zudem gelangen Nährstoffe erst durch den Zucker effektiv zu den Zellen und Organen. Wird jedoch zu einer zuckerhaltigen Mahlzeit auch viel Fett gegessen, wird der Zucker mit den Nährstoffen zusammen im Blut festgehalten, denn Fette sind träge. Bei Unkenntnis dieser Umstände sieht es so aus, als ob allein der Zucker der Grund für einen erhöhten Blutzucker wäre.

Da natürlicher Zucker für den Menschen eine lebenswichtige Energiequelle darstellt und auch unser wichtigstes Organ – das Gehirn – nur mit Zuckern so funktioniert, wie es soll, verwende ich gerne natürliche Zucker (am liebsten aus Obst) und halte den Fettverzehr gering. Du wirst merken, dass häufiges gesundes Snacken letztlich zu einem gesunden Blutzuckerspiel und zu einem Nachlassen von Heißhunger führt. Heißhunger ist schließlich ein Zeichen dafür, dass dein Körper nach natürlichen Zuckern verlangt, weil er diese dringend braucht.

Wenn du Kohlenhydrate aus Süßkartoffeln, Obst oder sogar etwas Ahornsirup isst, werden die Muskeln und das Gehirn mit Energie versorgt. Der Körper bevorzugt Kohlenhydrate als Energiequelle und deshalb haben wir auch eine Vorliebe für Süßes und Stärkehaltiges. Es ist gut und richtig, wenn wir viele cleane Kohlenhydrate essen. Wir dürfen stattdessen eher unsere „Fettkultur" überdenken: Wenn du nämlich Buttercreme zu den Erdbeeren isst, wandert ein Großteil des verzehrten Fetts (nicht der Zucker der Erdbeeren!) direkt in die Fettdepots.[26]

Aus diesen Gründen entsprechen die Rezepte aus dem Rezeptteil nicht dem Narrativ „clean = zuckerfrei", sondern „clean = fettarm und reich an nährenden Kohlenhydraten."

Der Einstieg

Checkliste zur Umsetzung der Clean-Eating-Ernährung

Diese Checkliste hilft dir, dich Schritt für Schritt an eine gesunde Clean-Eating-Ernährung anzunähern.

1. **Wie clean möchtest du leben?**
Clean-Eating ist kein „ganz oder gar nicht"-Prinzip. Je mehr du von den Grundlagen des Clean-Eatings umsetzen kannst, desto mehr profitiert dein Körper davon. Wenn du Gewicht verlieren möchtest oder einfach fitter sein möchtest, dann ist es hilfreich, wenn du so viel wie möglich aus diesem Buch umsetzt. Möchtest du einfach nur ab und zu etwas gesünder essen? Auch das ist fein! Überstürze dein Vorhaben jedenfalls nicht, nur um schnelle Ergebnisse zu erzielen. Mache dir vorab Gedanken, was deine gesundheitlichen Ziele sind und ob du bereit bist, dafür etwas zu verändern.

2. **Motivationspunkte aufschreiben!**
Stelle dir auch die Frage deines persönlichen „Warums" und beantworte sie für dich ausführlich. Denn wenn du gar nicht so genau weißt, weshalb du dir die Mühe machst, könnte sich dein Mehraufwand zunächst frustrierend anfühlen. Notiere dir, welche realistischen Veränderungen du dir wünschst und erinnere dich immer wieder daran, dass du das auch erreichen kannst!

3. **Ballast loswerden!**
Überprüfe deine Vorräte. Sicherlich hast du ein paar Zutaten im Haus, die sich nicht für eine cleane Ernährung eignen. Es kann hilfreich sein, diese alten Vorräte aus den Schränken zu räumen, um dich klar zu strukturieren und deine Ziele nicht aus den Augen zu verlieren. Ich bin absolut gegen Lebensmittelverschwendung, daher frage am besten in deinem Umfeld nach Abnehmern.

4. Zutatenlisten genau lesen!

Wenn du am Anfang noch unsicher bist, ob ein Lebensmittel hoch verarbeitet ist, checke die Zutatenliste. Bei einem Lebensmittel mit mehr als 5 Zutaten handelt es sich wahrscheinlich um ein hoch verarbeitetes Lebensmittel. Auch unaussprechliche Zutaten und E-Nummern sind ein guter Grund, das Lebensmittel nicht einzukaufen.

5. Mehrkosten ausbalancieren!

Frische, unverarbeitete Nahrung ist nicht zwangsläufig teurer als Durchschnittskost. Hoch verarbeitete Lebensmittel haben oft einen stolzen Preis und sind nach 1 bis 2 Mahlzeiten verbraucht. Ein großer Beutel Reis oder Kartoffeln macht lange satt und bereichert mehrere Mahlzeiten mit Ballaststoffen, Vitaminen und Mineralstoffen.

Kalkuliere auch in deine Berechnung mit ein, dass die gesunde Kost auch nach dem Verzehr noch nachwirkt und dafür sorgt, dass du blendend aussiehst, sowie dein körperliches, geistiges und mentales Potenzial besser ausschöpfen kannst.

Wenn du deinen Geldbeutel schonen möchtest, gibt es auch die Möglichkeit, gerettetes Bio-Obst und -Gemüse zu erstehen, oder nach saisonalen Sonderangeboten Ausschau zu halten. Überprüfe die Angebote in deiner Wohngegend oder vernetze dich mit Gleichgesinnten, um kostengünstige Großpackungen zu bestellen und aufzuteilen.

Clean-Eating Küchen-Basics

In diesem Kapitel gebe ich dir nützliche Tipps und Kniffe, damit du deine gesunden Clean-Eating-Mahlzeiten jederzeit ohne Kopfzerbrechen zubereiten kannst.

Fettsparende Zubereitungsmethoden

Eine fettsparende Zubereitungsmethode kann unglaublich viel ausmachen. Da viele Bratgerichte ohnehin schon fettig sind, macht spätestens das hinzugefügte Fett für die Pfanne das Gericht oft zu fettlastig. Diese 4 Tipps helfen dir, deine Fettaufnahme besser im Blick zu haben.

1. **Braten** geht auch mit Gemüsebrühe oder Wasser! Du kannst viel Fett sparen, wenn du mit Gemüsebrühe brätst. Dazu setzt du ein wenig Gemüsebrühe an und gießt sie immer in kleinen Mengen zum Bratgut.

2. **Frittieren** in Öl war gestern! Gewöhnliches Frittieren in Öl benötigt zu große Fettmengen von schlechter Qualität. Setze stattdessen auf das gesunde „Frittieren mit Luft" in der Heißluftfritteuse (Air Fryer).

3. **Backen** geht auch fettarm. Im Backofen lässt sich Gemüse sogar ganz ohne Öl backen. Ofengemüse wie z. B. Kürbis braucht kein Öl, um gut zu gelingen und eine goldbraune Farbe zu bekommen.

4. **Dämpfen** immer bevorzugen! So gut die genannten Punkte auch sind, das Dampfgaren ist als fettfreie und nährstoffschonende Garmethode am besten. Du kannst dir dazu einen einfachen Glas- oder Edelstahleinsatz für deine Töpfe besorgen. Das Gemüse wird im aufsteigenden Dampf gegart und verliert so keine Nährstoffe im Kochwasser.

Natürliche Zucker

Raffinierte Zucker sind für eine Clean-Eating-Ernährung nicht geeignet, da sie leere Kalorien liefern, keine Nahrung für das Gehirn darstellen und die Darmgesundheit schwächen. Natürliche Alternativen enthalten im Vergleich zu raffiniertem Zucker Nährstoffe und Antioxidantien. Außerdem ist eine Glukosequelle auch ein Transportmittel für Nährstoffe und versorgt das Gehirn mit Energie. Sie sollten möglichst nicht in Verbindung mit Fetten verzehrt werden.

Ahornsirup ist reich an Antioxidantien und enthält Mineralstoffe wie Kalium und Eisen, die helfen können, den Blutdruck zu regulieren und das Immunsystem zu stärken. Ahornsirup enthält auch Kalzium zur Erhaltung gesunder Knochen und Zähne.

Dattelzucker besteht aus getrockneten Datteln. Er enthält Ballaststoffe, Vitamin A und C, die zur Stärkung des Immunsystems beitragen. Außerdem enthält er Mineralstoffe wie Kalium, Magnesium und Eisen, die für die Knochen, Muskeln und Herzfunktion wichtig sind.

Kokosblütenzucker wird aus dem Nektar der Kokospalme gewonnen. Sein karamellartiger Geschmack ist ebenso attraktiv wie der Gehalt an Nährstoffen wie Eisen, Kalium, Magnesium und Zink.

Honig ist nicht vegan und kommt daher im Rezeptteil nicht vor. Er ist jedoch das einzige Tierprodukt, da sich aus gesundheitlicher Sicht empfehlen würde. Er wirkt wie ein natürliches Antibiotikum, enthält Antioxidantien, Enzyme und Mineralstoffe wie Eisen und Kalzium. Er kann dazu beitragen, das Immunsystem zu stärken, Entzündungen im Körper zu reduzieren und bei der Heilung von Wunden und Erkrankungen zu unterstützen. Auch bei Husten und Halsschmerzen tut Honig gut. Wenn du Honig verwenden möchtest, sieh dich nach einer verantwortungsvollen, bienenfreundlichen Quelle für guten Honig um.

Dagegen sind weniger empfehlenswert:

Birkenzucker und Erythrit sind Zuckeralkohole, die als natürliche Süßungsmittel gelten. In der Regel werden sie jedoch synthetisch hergestellt und das manchmal unter Einsatz von gentechnisch veränderten Organismen. Ich nutze Birkenzucker jedoch in Maßen für die Zahnpflege, da er zur Mineralisierung des Zahnschmelzes beitragen kann und Karies vorbeugend wirkt.

Agavensirup ist nicht so natürlich wie oft behauptet. Die Agaven werden unter hohen Temperaturen und Chemikalien verarbeitet, um den Sirup daraus zu gewinnen. Das Endprodukt enthält eine Menge Fruktose, die (anders als z. B. im Obst) als isolierte Fruktose der Gesundheit abträglich sein kann. Im Vergleich zu anderen Zuckeralternativen ist auch sein Gehalt an Nährstoffen äußerst gering.

Glutenfreie Getreide und Mehle

Statt Weizen, Dinkel und Roggen kannst du auch hervorragend mit glutenfreien Mehlen arbeiten. Besonders gut gelingen Teigwaren, wenn du verschiedene glutenfreie Mehle und Stärken kombinierst.

Stärkemehle sind glutenfreie Mehle auf Basis stärkehaltiger Wurzeln und Knollen. Diese werden getrocknet und zu Mehl verarbeitet. Sie können anderen Mehlen beigemischt werden, um noch bessere Backeigenschaften zu erhalten. Ich verwende gerne Maniokmehl. Da dieses aber noch sehr selten zu finden ist, habe ich in diesem Buch auf Maniokmehl verzichtet.

Kartoffelstärke und Tapiokastärke werden nur aus dem inneren Teil der Pflanze gewonnen. Als mengenmäßig eher geringe Zugabe sind Kartoffelstärke und Tapiokastärke eine Bereicherung für die vegane Low-Fat-Küche. Sie machen Backwaren zart und helfen, fettarme Soßen zu kreieren.

Glutenfreies Hafermehl hat einen nussig-milden Geschmack und ist reich an Eisen, Zink, Magnesium und B-Vitaminen. Du kannst glutenfreie Haferflocken im Mixer zu feinem Mehl vermahlen.

Kastanienmehl ist kostenintensiver – dafür sehr geschmacksintensiv. Es trägt zur Vielseitigkeit der glutenfreien Küche bei und bringt Kalium, B-Vitamine, Vitamin C und Proteine mit.

Hirsemehl ist vor allem im Mix mit glutenfreiem Hafermehl sehr bekömmlich. Du kannst Hirse im Mixer zu kostengünstigem Hirsemehl verarbeiten. Hirse ist reich an Magnesium und Eisen.

Reismehl gibt es auch in einer natürlichen Vollkorn-Variante, die sich sehr gut für die vielseitige Küche eignet. Es beinhaltet viele wertvolle Vitamine, Mineralstoffe und Spurenelemente wie Vitamin B6 und Mangan.

Natürliche Geschmacksverstärker:

Experimentiere mit verschiedenen Kräutern und Gewürzen, um mehr geschmackliche Tiefe in die Küche zu bringen. Hier ist eine Auswahl meiner liebsten gesunden Aromageber:

Gemüsebrühe in Pulverform kannst du gut als Gewürz verwenden. Einige Marken enthalten unnötige Zutaten wie Weizenmehl, Hefeextrakt, Aromen oder Maisstärke. Online erhältst du Gemüsebrühen, die lediglich aus Steinsalz und vermahlenem Gemüse bestehen. Diese gibt es sogar in salzarmen Varianten.

Zwiebelpulver gibt Soßen, Dressings und Dips einen süßlichen, würzigen Geschmack, vor allem bei Soßen, die einen käseartigen Geschmack bekommen sollen.

Knoblauchgranulat verleiht ein intensives Knoblaucharoma, ohne aufdringlich zu riechen.

Coco Aminos bezeichnet eine Würzsoße aus fermentiertem Kokosblütennektar. Du kannst sie wie Sojasoße verwenden.

Garam Masala gibt Gerichten einen orientalischen Geschmack. Die traditionelle Gewürzmischung wärmt den Körper und wirkt verdauungsfördernd.

Currypulver passt gut in die Clean-Eating-Küche, da es vielen Gerichten ganz ohne Zusatzstoffe Aroma verleiht.

Kreuzkümmel (Cumin) ist eine alte Heil- und Gewürzpflanze. Sein Aroma verleiht vielen internationalen Gerichten eine Nuance ihres typischen Geschmacks.

Hier ist Bio eine gute Idee:

Bio-Produkte passen gut in das Clean-Eating-Konzept, da sie in der Regel frei von chemischen Verunreinigungen sind und ohne den Einsatz von synthetischen Pestiziden und Düngemitteln hergestellt werden. Sie sind oft auch nährstoffreicher und nachhaltiger sowie umweltfreundlicher produziert worden. Die Mehrkosten des Bio-Anbaus werden auf den Kaufpreis umgelegt, sodass die Produkte in manchen Fällen erheblich hochpreisiger sind als konventionelle Lebensmittel. Bei folgenden Lebensmitteln ist die Entscheidung für Bio-Qualität dennoch ratsam:

- ✔ **Dirty Dozen:** Die gemeinnützige Environmental Working Group (EWG) veröffentlicht in jedem Jahr eine Liste mit den 12 Obst- und Gemüsesorten, die im konventionellen Anbau die höchsten Pestizideinsätze erfordern. Das Dreckige Dutzend „Dirty Dozen“[27] sollte grundsätzlich lieber in Bio-Qualität bezogen werden. Die EWG listet auch eine jährlich wechselnde „Clean Fifteen“[28] auf – die 15 Obst- und Gemüsesorten sind auch im konventionellen Anbau eher wenig belastet. Die jeweiligen Listen sind auf der Internetpräsenz der EWG kostenlos einsehbar.
  Generell gilt: Die ernährungsphysiologischen Vorteile von Obst und Gemüse überwiegen bei Weitem eventuelle Nachteile durch Spuren von Rückständen. Wasche Obst und Gemüse immer gründlich. Bei einigen konventionell angebauten Sorten wie z. B. Süßkartoffeln und Kartoffeln kann das Waschen und Schälen weitere Abhilfe schaffen.

- ✔ **Backpulver:** Herkömmliches Backpulver wird oft mit dem Säuerungsmittel Natriumaluminiumsulfat hergestellt. Aluminium wird jedoch mit vielen gesundheitlichen Problemen in Verbindung gebracht. Daher lohnt es sich, nur Bio-Weinsteinbackulver zu verwenden. Dieses besteht hauptsächlich aus Weinstein (Kaliumtartat), Natron (Natriumhydgrogencarbonat) und Tapiokastärke.

- ✔ **Verarbeitete Lebensmittel:** „Premiummarken“ oder Traditionsmarken großer Konzerne sind oft mit Zusatzstoffen zusammengesetzt, da sie einen besonderen Anspruch an Geschmack, Aussehen und Textur haben. Bio-Produkte sind oft genauso teuer, aber haben meist vorteilhaftere Zutaten.

- ✔ **Gewürze:** Bio-Gewürze werden meist auf natürlichere Weise angebaut und verarbeitet, sodass sie weniger Verunreinigungen wie Pestizide, Herbizide und Schwermetalle enthalten. Bio-Fertigmischungen sind zudem frei von künstlichen Aromen, Farbstoffen und Konservierungsmitteln.

- ✔ **Salz:** Ein gutes Meersalz oder Himalajasalz durchläuft keine chemischen Verfahren wie Raffination und behält dadurch oft einen höheren Mineralgehalt. Beim Bleichen und Stabilisieren handelsüblicher Salze (z. B. Jodsalz mit Fluorid) wird in aller Regel eine Aluminiumverbindung verwendet, die dabei in erheblichen Mengen vom Salz aufgenommen wird.

- ✔ **Oliven:** Sieh dich möglichst nach Oliven ohne Citronensäure und ohne Glutamat um. Am ehesten sind diese im Bio-Segment zu finden, z. B. mit reinem Zitronensaft.

5 goldene Clean-Eating-Hacks

Diese Kniffe können dir die gesunde Küche erleichtern und extra Genuss in die Rezepte bringen:

- ✔ **Gefrorene Bananen:** Am besten hast du immer ein paar gefrorene Bananenstücke im Eisfach! Du kannst sie für Eiscremes, Smoothies und Smoothiebowls verwenden. Sie machen Desserts cremiger, kühler und verschaffen eine sahnige Textur – ganz ohne Fett! Dazu schälst du einige sehr reife Bananen, schneidest sie in 1 bis 2 cm dicke Scheiben und frierst gleich mehrere Portionen auf einmal ein.
- ✔ **Ahorncreme probieren:** Probiere einmal Ahorncreme aus. Diese sieht aus wie Nussmus und ist ein ideales Topping für Smoothiebowls oder mild gesüßten Kuchen. Sie ist etwas teurer, aber eine wahre Delikatesse – und vollkommen fettfrei!
- ✔ **Schöne Toppings:** Schaue dich auch nach weiteren fettfreien Toppings um: essbare Blüten, gepoppte Quinoa, gefriergetrocknete und gehackte Früchte …
- ✔ **Kokosmus:** Dabei handelt es sich um das gemahlene Fruchtfleisch der Kokosnuss und kann Gerichte, ganz ähnlich wie Kokosmilch, cremiger machen. Ich finde es sehr praktisch, da man es nach Bedarf entnehmen und somit sparsam dosieren kann.
- ✔ **Meal Prep:** Meal Prep ist wie „Fast Food“, trotz natürlicher Zutaten. Du sparst viel Zeit und Mühe, wenn du Gemüse und Obst mundgerecht zuschneidest und im Kühlschrank verstaust. So gehen Smoothies oder gesunde Rohkost-Snackteller schneller von der Hand. Ich koche auch gerne einen Topf Kartoffeln oder Hirse vor! Beachte jedoch, dass die Haltbarkeit der vorbereiteten Lebensmittel geringer ist.

Häufige Fragen kurz erklärt

Ist Clean-Eating nicht einfach bloß Vollwertkost mit modernem Namen?

Die Vollwertkost, die die vergangenen Jahrzehnte prägte, zeichnete sich durch wenig verarbeitete Lebensmittel aus. Sie war von pflanzlicher Nahrung wie Obst und Gemüse sowie von geschrotetem und gemahlenem Vollkorngetreide geprägt, umfasste aber auch (Roh-)Milch, Käse, Butter, Eier, Sahne und Fleisch. Das Clean-Eating aus diesem Buch geht einen Schritt weiter, weil es eine (klimafreundliche) vegane Ernährung mit den gesundheitlichen Vorzügen wenig verarbeiteter Lebensmittel kombiniert.

Ist in Obst zu viel Zucker?

Der Zucker aus Obst ist nicht vergleichbar mit industriell verarbeitetem Zucker. Der hochwertige Zucker aus Obst macht weder dick noch krank. Obst ist ein vollwertiges Lebensmittel. Es enthält (teilweise noch unerforschte) Antioxidantien, sekundäre Pflanzenstoffe und Vitamine, die den Zucker ideal verwerten lassen und lebenswichtige Energie spenden.

Warum sollte ich so viele „cleane" Kohlenhydrate essen?

Die natürlichen Kohlenhydrate aus Obst, (glutenfreiem) Getreide, Süßkartoffeln, Kürbis und Kokoswasser nähren den Körper und schützen das Immunsystem. Der natürliche Zucker, die Glukose, hält die Organe, Muskeln und Zellen leistungsfähig. Vitamine, Mineralstoffe und andere Nährstoffe benötigen die Glukose, damit das Insulin an die Zelle ansetzen kann, und diese nährenden Substanzen in die Zellen gelangen können.

Wo finde ich gesunde Fette?

Kokosmilch und Kokosnuss, Samen und Kerne, Nüsse, Avocados und Oliven enthalten gesunde Fette und können in kleinen Mengen gegessen werden. Wenn es doch mal Öle sein sollen, sind Kokosöl, Avocadoöl, Walnussöl, Macadamiaöl, Traubenkernöl, Sesamöl und kleine Mengen eines qualitativ sehr guten Olivenöls die beste Wahl.

Bekomme ich mit Clean-Eating genügend Proteine?

Die Sorge vor Proteinmangel ist bei vielen Menschen größer als die Sorge vor einem Mangel an Vitaminen und Mineralstoffen. Ein Proteinmangel ist in Industrieländern jedoch ein ziemlich seltenes Phänomen. Pflanzliche Nahrung enthält eine Fülle an Proteinen und darüber hinaus reichlich Vitamine und Mineralstoffe. Die Leber kann aus vielen pflanzlichen Nahrungsquellen ausreichend Proteine zusammensetzen, sodass es nicht nötig ist, sich isolierte Proteine in Form von Shakes oder Riegeln zuzuführen. Kartoffeln mit Schale, Gerstengrassaftpulver, Linsen, Bohnen, Grünkohl, roher Spinat, Hanfsamen, Erbsen und Haferflocken sind hervorragende Proteinquellen. Wenn du dennoch ein Proteinpulver verwenden möchtest, wähle ein Hanfproteinpulver ohne Zusätze.

Sollte ich Kalorien zählen, wenn ich mit Clean-Eating abnehmen möchte?

Das Schöne am Clean-Eating ist, dass du keine Kalorien zählen musst – selbst dann nicht, wenn du abnehmen möchtest. Du kannst dich jeden Tag mit all den „cleanen" Lebensmitteln (Obst in allen Sorten, stärkehaltige Gemüse wie Kartoffeln, Süßkartoffeln, anderes Gemüse) satt essen. Mit ihrem hohen Wassergehalt bringen sie viel Volumen bei wenig Kaloriendichte mit, sodass du dich immer gut gesättigt fühlen kannst. Alle anderen Lebensmittel können eine höhere Kaloriendichte mitbringen, sodass Maßhalten wichtig ist.

Wie halte ich meinen Blutzuckerspiegel im gesunden Bereich?

Mit weniger Fett im Blut kann der Blutzuckerspiegel leichter stabil bleiben. Unregelmäßigkeiten des Blutzuckers starten in der Leber, der die Vorräte an natürlichem Zucker ausgehen. Es wird vermehrt Insulin produziert, da versucht wird, so viel Zucker wie möglich im Körper aufzuspüren und in die Zellen zu transportieren. Die stetige Insulinproduktion schwächt die Bauchspeicheldrüse, und die Insulinproduktion lässt schließlich auch den Blutzucker instabil werden.[29] Ein eingeschränkter Fettverzehr ist heilsam für die Leber und die Bauchspeicheldrüse. Gute Kohlenhydrate aus pflanzlichen Lebensmitteln steuern Mineralstoffe bei, die die Glukose besser aufnehmen lässt. Grüne Smoothies, Staudensellerie, jegliches grünes Gemüse, aber auch Obst, Kürbisse und Kartoffeln sind hervorragend, um Schwankungen des Blutzuckers zu entgehen.

Rezepte

Frühstück

Kurkuma-Zimt-Granola

Minuten: 5
+ 20 (Backzeit)

3 g Fett pro Portion

Portionen: 6

Zutaten:

- 250 g Haferflocken (zart, glutenfrei)
- 10 g gepoppte Quinoa
- 60 ml Ahornsirup
- 80 g Apfelmark
- 1 TL Kurkuma
- 2 TL Ceylon-Zimt
- ½ TL gemahlene Vanille
- 1 Prise Meersalz

Zubereitung:

1. Den Backofen auf 160 °C Umluft vorheizen. Ein Backblech mit Backpapier auslegen und beiseitestellen.
2. Alle Zutaten in einer Schüssel miteinander vermengen. Die Masse sollte leicht klebrig sein und kleine Klümpchen bilden.
3. Die Masse gleichmäßig auf dem Backblech verteilen und für ca. 20 Minuten in den Backofen geben. Zwischendurch das Granola durchmengen, sodass es überall knusprig wird.
4. Abschließend das Granola herausnehmen und vollständig auskühlen lassen, wenn es knusprig und goldbraun gebacken ist.

Tipps:

- Das Granola hält sich luftdicht verschlossen mehrere Wochen bei Zimmertemperatur.
- Das Granola passt sehr gut als Topping auf Smoothiebowls oder lässt sich mit Pflanzenmilch und frischen Früchten als Müsli servieren.

Gesundheitswissen:

- Kurkuma enthält das intensiv gelb färbende Polyphenol Curcumin. Seine stark entzündungshemmenden und antioxidativen Wirkungen können sich schon bei ½ TL Kurkumapulver pro Tag entfalten.
- Kurkuma hat sich in der ayurvedischen Medizin schon seit mehreren tausend Jahren als Gewürz und Heilmittel bewährt und wird z. B. bei Verdauungsbeschwerden eingesetzt.

Grüne Haferwaffeln mit Beeren

Minuten: 10 + 15 (Backzeit)

4 g Fett pro Portion

Portionen: 2 (8 Stück)

Zutaten:

- 130 g Hafermehl (glutenfrei)
- 2 EL Zitronensaft
- 200 ml Wasser
- 50 ml + 2 EL Ahornsirup
- 1 TL Weinsteinbackpulver
- 1 TL Gerstengrassaftpulver
- ½ TL Kokosöl
- 125 g Beeren
- 1 Prise Meersalz

Zubereitung:

1. Das Hafermehl mit dem Gerstengrassaftpulver, dem Weinsteinbackpulver und dem Meersalz in einer Schüssel miteinander vermengen.
2. Ein Waffeleisen mit dem Kokosöl einpinseln und aufheizen.
3. In der Zwischenzeit das Wasser, 50 ml Ahornsirup und den Zitronensaft zu den trockenen Zutaten geben und alles zu einem glatten Teig verrühren.
4. Jeweils 3 bis 4 EL Teig in das Waffeleisen geben, sodass kleine, runde Waffeln entstehen können. Das Waffeleisen schließen und die Waffeln ausbacken.

5. Mit dem restlichen Teig genauso weiter verfahren, bis der Teig aufgebraucht ist.
6. Die Waffeln auf Teller anrichten. Mit den Beeren toppen, mit 2 EL Ahornsirup beträufeln und servieren.

Tipp:

- Länger ausgebacken werden die Waffeln zu knusprigem Gebäck, das besonders gut zum Nachmittagstee passt.

Gesundheitswissen:

- Hafer enthält lösliche Ballaststoffe, die sogenannten Beta-Glucane. Diese können den Cholesterinspiegel im Blut senken und somit das Risiko von Herzerkrankungen verringern.

Erdbeer-Vanille-Marmelade

Minuten: 20 **0,5 g Fett pro Portion** **Portionen: 1** (Glas)

Zutaten:

- 350-400 g Erdbeeren
- 10 g Apfelpektin
- 65 g Kokosblütenzucker
- 1 TL gemahlene Vanille
- 1 EL Zitronensaft

Zubereitung:

1. Die Erdbeeren waschen, das Grün entfernen und die Erdbeeren in grobe Stücke schneiden.
2. Die Stücke in einen kleinen Topf geben und unter Rühren aufkochen lassen. Die Hitze reduzieren und etwa 5 Minuten köcheln lassen.
3. Den Kokosblütenzucker mit der gemahlenen Vanille und dem Apfelpektin in einem kleinen Schälchen vermengen. Die Mischung zu den Erdbeeren in den Topf geben und unterrühren.
4. Die Mischung für etwa 1 Minute unter ständigem Rühren köcheln lassen. Anschließend mit einem Pürierstab fein pürieren und bei niedriger Hitze etwa 4 Minuten weiter köcheln lassen.
5. Den Zitronensaft in die Mischung rühren und die Marmelade abschließend in ein heiß ausgespültes Glas umfüllen.

Tipps:

- Die Marmelade sollte im Kühlschrank gelagert und möglichst innerhalb weniger Tage verzehrt werden.
- Für eine längere Haltbarkeit lässt sich die Marmelade einfrieren. Dann sollte sie vor dem Verzehr aufgetaut und nochmals erhitzt werden.

Gesundheitswissen:

- Erdbeeren enthalten Kalium. Dieser Mineralstoff trägt zur Regulierung des Blutdrucks bei.
- Eine Portion Erdbeeren (200 g) enthalten bereits 100 % des empfohlenen Tagesbedarfs an Vitamin C.

Haferkernbrot

Minuten: 15
+ 50 (Backzeit)

4 g Fett pro Portion

Portionen: 9
(Scheiben)

Zutaten:

- 2 EL Goldleinsamen
- 40 g Kartoffelmehl
- 300 ml Sprudelwasser
- 30 g Apfelmark
- 1 EL Zitronensaft
- 200 g + 2 EL Haferflocken (glutenfrei)
- 3 TL Weinsteinbackpulver
- 30 g Sonnenblumenkerne
- 1 TL Meersalz

Zubereitung:

1. Den Backofen auf 180 °C Umluft vorheizen. Eine Kastenform mit Backpapier auslegen oder dünn mit Kokosöl einpinseln und beiseitestellen.
2. 200 g der Haferflocken mit den Goldleinsamen in einen Multizerkleinerer (alternativ kleinerer Küchenmixer) geben. Etwa 30 Sekunden auf höchster Stufe grob vermahlen.
3. Die Sonnenblumenkerne, das Kartoffelmehl, das Meersalz und das Weinsteinbackpulver in einen Food-Processor (alternativ Küchenmixer) geben und für einige Sekunden vermahlen. Die feuchten Zutaten hinzufügen und den Food-Processor für etwa 30 Sekunden auf mittlerer Stufe laufen lassen, sodass ein glatter

Teig mit grober Textur entsteht.

4. Den Teig in die vorbereitete Kastenform umfüllen und die restlichen Haferflocken darüber streuen. Das Brot in den Backofen geben und nach etwa 50 Minuten Backzeit eine Stäbchenprobe machen.

5. Das gebackene Brot aus dem Backofen nehmen, sobald kein Teig am Stäbchen kleben bleibt.

6. Das Brot etwas auskühlen lassen und abschließend aus der Form lösen.

Tipp:

- ✔ Das Haferkernbrot kann etwa 3 Monate lang eingefroren werden und hält sich im Kühlschrank ungefähr 1 Woche. Damit das Brot dennoch schmeckt wie am ersten Tag, sollte es vor dem Verzehr getoastet oder in der Heißluftfritteuse aufbacken werden.

Kartoffelbrötchen

Minuten: 15 + 30 (Backzeit) | **5 g Fett pro Portion** | **Portionen: 6** (Stück)

Zutaten:

- 200 g Hafermehl (glutenfrei)
- 30 g Apfelmark
- 2 Pellkartoffeln (kalt, mittelgroß)
- 50 g Tapiokastärke
- 30 g Sonnenblumenkerne
- 2 ½ TL Weinsteinbackpulver
- 1 EL Zitronensaft
- 175 ml Wasser
- ¾ TL Meersalz

Zubereitung:

1. Den Backofen auf 180 °C Umluft vorheizen. Ein Backblech mit Backpapier auslegen und beiseitestellen.
2. Die Sonnenblumenkerne in einem Multizerkleinerer (alternativ kleinerer Küchenmixer) grob vermahlen. Zusammen mit dem Hafermehl, dem Weinsteinbackpulver, dem Meersalz und der Tapiokastärke in eine große Schüssel geben.
3. Die Pellkartoffeln schälen und mit einer Gabel gründlich zerstampfen oder durch eine Kartoffelpresse drücken. Das Püree in die Schüssel zu den trockenen Zutaten geben und vermengen.

4. Das Apfelmark, das Wasser und den Zitronensaft hinzufügen und alles zu einem festen Teig kneten. Dieser ist anfangs noch etwas klebrig, wird aber nach einiger Zeit geschmeidig.
5. Den Teig in 6 Teile trennen und diese jeweils zu runden Brötchen formen.
6. Die Brötchen auf dem Backpapier platzieren und in den Backofen geben. Etwa 30 Minuten backen, bis die Brötchen außen knusprig sind und duften.
7. Abschließend die Brötchen aus dem Backofen nehmen und leicht auskühlen lassen.

Tipps:

- Die Kartoffelbrötchen bilden mit dem Cashew-Rahm (Rezept S. 149) und der Erdbeer-Vanille-Marmelade (Rezept S. 78) bestrichen eine perfekte Alternative zu Weizenbrötchen mit Butter und Marmelade.
- Die Kartoffelbrötchen lassen sich etwa 3 Monate lang einfrieren und bei Bedarf einzeln wieder auftauen.

Hirsebrei mit Birne und Zimt

Minuten: 15 | **5 g Fett pro Portion** | **Portionen: 2**

Zutaten:

- 125 g Hirse
- 350 ml Hafermilch (glutenfrei)
- 1 Birne
- ¼ TL Ceylon-Zimt
- 2 TL Ahornsirup

Zubereitung:

1. Die Birne waschen, entkernen und in kleine Würfel schneiden.
2. Die Hirse in ein feines Sieb geben und mit fließendem, heißem Wasser waschen. Abtropfen lassen und in einen Topf umfüllen.
3. 250 ml Hafermilch hinzufügen und etwa 10 Minuten köcheln lassen, bis ein Brei entsteht. Den Herd ausschalten und den Brei mit der restlichen kalten Hafermilch cremig rühren.
4. Den Brei auf 2 Schälchen verteilen, die Birnenwürfel dazulegen, mit dem Ceylon-Zimt bestreuen und abschließend mit dem Ahornsirup beträufeln.

Tipps:

- Anstelle der Birne können, je nach Saison, auch andere Obstsorten verwendet werden. Besonders gut passen Erdbeeren, Heidelbeeren und Pflaumen.
- Der Hirsebrei lässt sich sehr gut vorkochen und etwa 3 bis 4 Tage im Kühlschrank aufbewahren. Da er im Kühlschrank fester wird, muss beim Aufwärmen noch etwas Flüssigkeit in Form von Hafermilch oder Wasser hinzugefügt werden.
- Für den extra Genuss kann ein kleiner Löffel Kokosmus hinzugefügt werden.

Gesundheitswissen:

- Hirse zählt zu den glutenfreien Getreidesorten und ist sehr gut verdaulich.
- Hirse enthält viel Eisen und Magnesium. Der relativ hohe Anteil an Kieselsäure festigt die Haut und sorgt für gesunde Haare.

Gefüllte Papaya

Minuten: 5 **0,5 g Fett pro Portion** **Portionen: 1**

Zutaten:

- 1 Papaya
- 100 g Himbeeren
- 100 g Heidelbeeren
- 2 TL Ahornsirup

Zubereitung:

1. Die Himbeeren und die Heidelbeeren in ein Sieb geben, waschen und abtropfen lassen.
2. Die Papaya halbieren und die Kerne vorsichtig mit einem Löffel herauslösen.
3. Die Papayahälften mit den gemischten Beeren befüllen.
4. Abschließend jeweils 1 TL Ahornsirup über die Beeren in den Papayahälften träufeln.

Tipp:

- Sollten nicht alle Beeren in die Papayahälfte passen, können sie separat serviert werden.

Mandelmilch

Minuten: 5 + 10 Stunden (Einweichzeit) | **10 g Fett pro Portion** | **Portionen: 2**

Zutaten:

- 200 g Mandeln
- 2 TL Ahornsirup
- 1 l Wasser

Zubereitung:

1. Die Mandeln für etwa 10 Stunden in einer Schüssel mit reichlich kaltem Wasser bedecken und einweichen lassen. Das Wasser sollte etwa 2 Finger breit über den Mandeln stehen.
2. Die Mandeln nach der Einweichzeit abspülen und in einen Mixer umfüllen.
3. Das Wasser und den Ahornsirup hinzufügen und für etwa 1 Minute mixen.
4. Abschließend die Mischung durch einen Nussmilchbeutel (alternativ Passiertuch) gießen und die frische Mandelmilch auffangen.

Heidelbeer-Porridge

Minuten: 10 | **6 g Fett pro Portion** | **Portionen: 1**

Zutaten:

- 80 g Haferflocken (glutenfrei)
- 250 ml Wasser
- 1 Banane
- 75 g Heidelbeeren
- 25 ml Pflanzenmilch
- 2 TL wildes Heidelbeerpulver
- 1 TL Ahornsirup
- 1 Prise Meersalz

Zubereitung:

1. Die Haferflocken mit dem Meersalz in einen kleinen Topf geben und mit dem Wasser aufgießen. Kurz aufkochen lassen, dann die Hitze reduzieren und ständig rühren. Sobald ein zäher Brei entstanden ist, den Topf vom Herd nehmen.
2. Die Banane schälen und mit in den Topf geben. Das Fruchtfleisch mit einer Gabel zerdrücken und unter den Porridge rühren.
3. Den Porridge in eine Schale umfüllen und die Pflanzenmilch darüber verteilen.
4. Die Heidelbeeren waschen und auf dem Porridge verteilen.
5. Das wilde Heidelbeerpulver und den Ahornsirup abschließend als weitere Toppings über den Porridge geben.

Gesundheitswissen:

- Heidelbeeren und wilde Heidelbeeren sind keineswegs gleichzusetzen. Wilde Heidelbeeren besitzen weitaus mehr Antioxidantien, mehr Entgiftungspotenzial und sind für die Gesundheit des Gehirns um einiges kraftvoller. Natürlich sind auch Kulturheidelbeeren gesund und daher ebenfalls Bestandteil dieses Rezepts.

Sonnenaufgangs-Detox-Bowl

Minuten: 5 **0,5 g Fett pro Portion** **Portionen: 1**

Zutaten:

- 1 Apfel
- 1 Orange
- ¼ TL gemahlene Vanille

Zubereitung:

1. Den Apfel waschen und entkernen. Den Apfel in dünne Fächer schneiden.
2. Die Orange schälen und das Fruchtfleisch in Würfel schneiden.
3. Die Früchte in einer Schale anrichten und abschließend mit der gemahlenen Vanille bestreuen.

Gesundheitswissen:

- Dieses Frühstück ist sehr hydrierend und reinigt aufgrund der Apfelpektine den Darm von innen. Wenn keine fetthaltigen oder getreidehaltigen Speisen dazu verzehrt werden, entlastet dieses Frühstück die Leber und aktiviert die Selbstreinigungsfunktion des Körpers.

Salate & Beilagen

Grünkohl-Avocado-Salat

Minuten: 20 **10 g Fett pro Portion** **Portionen: 4**

Zutaten:

- 120 g Grünkohl
- ½ Salatgurke
- 1 Avocado
- 2 Pellkartoffeln (kalt, mittelgroß)
- 1 kleiner Apfel
- 4 EL Zitronensaft
- 2 EL Tahin
- 2 Prisen Meersalz

Zubereitung:

1. Den Grünkohl waschen, die Blätter von den Stielen trennen und in mundgerechte Stücke zupfen. In einer Schüssel 1 Prise Meersalz in den Grünkohl einmassieren, bis er weicher wird.
2. Die Salatgurke waschen, der Länge nach vierteln, das Kerngehäuse herausschneiden und beiseitestellen. Die Gurkenviertel in ½ cm dicke Scheiben schneiden.
3. Die Avocado aufschneiden und entkernen. Das Fruchtfleisch aus der Schale lösen und in mundgerechte Stücke schneiden.
4. Den Apfel waschen, entkernen und in kleine Stücke schneiden.
5. Die Pellkartoffeln schälen und in grobe Würfel schneiden.

6. Die Zutaten aus den Schritten 2 bis 5 zum Grünkohl geben und gründlich miteinander vermengen.
7. Für das Dressing das Kerngehäuse der Salatgurke, das Tahin, den Zitronensaft und das restliche Meersalz in einem Multizerkleinerer pürieren.
8. Das Dressing abschließend unter den Salat heben und gründlich vermischen.

Tipps:

- ✔ Der Salat schmeckt auch am nächsten Tag, wenn er abgedeckt im Kühlschrank aufbewahrt wird.
- ✔ Anstelle des Grünkohls eignet sich auch Feldsalat oder eine Wildkräutersalatmischung.

Gesundheitswissen:

- ✔ Pellkartoffeln bilden beim Abkühlen die sogenannte resistente Stärke. Diese ist besonders vorteilhaft für den Erhalt einer gesunden Darmflora.

Feel-Good-Salat

Minuten: 10 | 0,5 g Fett pro Portion | Portionen: 2

Zutaten:

- 100 g Blattsalat (nach Wahl)
- 80 g Cherry-Tomaten
- ⅓ Salatgurke
- 1 Karotte
- 1 Selleriestange
- gesunde Vinaigrette (Rezept S. 151))

Zubereitung:

1. Den Blattsalat ggf. vom Strunk schneiden, auseinanderzupfen, waschen und abtropfen lassen. Die Cherry-Tomaten waschen und in Hälften schneiden. Die Karotte waschen und in Stifte schneiden. Die Salatgurke waschen und in Würfel schneiden. Die Selleriestange waschen und in ½ cm dicke Scheiben schneiden.
2. Das Gemüse in einer Salatschüssel miteinander vermengen.
3. Die gesunde Vinaigrette abschließend über den Salat geben.

Tipps:

- Dieser einfache Beilagensalat kann beliebig angepasst werden. Im Frühjahr können z. B. frische Wildkräuter hinzugefügt werden und im Herbst etwas gebackener Kürbis. So wird er selbst bei täglichem Verzehr nie langweilig.
- Selbst gezogene Sprossen schmecken nussig und bereichern den Salat zusätzlich mit Vitaminen.

Gesundheitswissen:

- Grüne Blattsalate haben entzündungshemmende Eigenschaften, sind reich an Ballaststoffen und weisen eine große Nährstoffdichte auf. Vor allem Vitamin C und Vitamin K sind darin reichlich enthalten.

Buddha-Bowl mit Erbsenfalafel

Minuten: 20
+ 25 (Backzeit)

8 g Fett pro Portion

Portionen: 1

Zutaten:

Buddha-Bowl

- 50 g Vollkorn-Reis-Spirelli
- 20 g Babyspinat
- 40 g Chioggia-Beten (alt. 4 Radieschen)
- ¼ Salatgurke
- 60 g Rotkohl
- 70 g Paprika
- 1 TL Sesamsamen
- gesunde Vinaigrette (Rezept S. 151)

Erbsenfalafel

- 150 g TK-Erbsen
- 40 ml Gemüsebrühe
- 75 g Haferflocken (glutenfrei)
- 1 Knoblauchzehe
- ¼ TL Kreuzkümmel
- 1 TL Petersilie
- 1 TL Hafermehl (glutenfrei)

♥ **Zubereitung:**

1. Die Vollkorn-Reis-Spirelli in einen Topf mit kochendem Wasser geben und für etwa 8 Minuten bissfest garen. Anschließend in ein Sieb geben und abtropfen lassen.

2. Den Babyspinat waschen und abtropfen lassen. Die Chioggia-Beten (oder die Radieschen) waschen, mit einem Küchentuch trocken tupfen und in dünne Scheiben schneiden. Die Salatgurke waschen und in Würfel schneiden. Den Rotkohl waschen, die äußeren Blätter entfernen und in feine Streifen schneiden. Die Paprika waschen, das Kerngehäuse sowie den Strunk entfernen und in Streifen schneiden.

3. Das Gemüse und die Vollkorn-Reis-Spirelli in einer großen Bowl anrichten. Die gesunde Vinaigrette über die Buddha-Bowl geben.

4. Während die Vinaigrette durchzieht, Erbsenfalafel zubereiten. Dafür den Backofen auf 180 °C Umluft vorheizen und ein Backblech mit Backpapier auslegen. ½ TL Hafermehl auf dem Backblech verteilen.

5. Die Erbsen in einem Topf in der Gemüsebrühe aufkochen lassen, etwa 5 Minuten kochen lassen und anschließend den Topf vom Herd nehmen. Die Gemüsebrühe nicht abgießen. Die Haferflocken, den Knoblauch, die Petersilie und den Kreuzkümmel hinzufügen und alles mit einem Pürierstab zu einer zähen Masse verarbeiten. Es sollte noch etwas Textur erkennbar sein.

6. Die Hände mit dem restlichen Hafermehl benetzen und 4 Erbsenfalafel aus der Masse formen. Die Bällchen auf dem Backblech auslegen und in den Backofen geben. 25 Minuten backen, bis sie fest werden.

7. Die Erbsenfalafel-Bällchen kurz abkühlen lassen und auf der Buddha-Bowl anrichten.

8. Abschließend die Sesamsamen über die Buddha-Bowl streuen.

Grüner Spargelsalat mit Erdbeeren

Minuten: 15 **4 g Fett pro Portion** **Portionen: 1**

Zutaten:

- 165 g grüner Spargel
- 100 g Erdbeeren
- 2 TL Zitronensaft
- 1 TL Ahornsirup
- 1 EL Pinienkerne
- 1 Prise Meersalz
- 1 Prise schwarzer Pfeffer

Zubereitung:

1. Den grünen Spargel waschen und die holzigen Enden abschneiden. Die Stangen in etwa 3 cm lange Stücke teilen. In einen kleinen Topf geben und mit einer Prise Meersalz für etwa 5 Minuten andünsten. Die Spargelstücke absieben und kalt abspülen. Auf einem Teller zum Abkühlen auslegen.
2. Die Erdbeeren waschen und das Grün entfernen. In Viertel schneiden und zum Spargel auf den Teller geben.
3. Den Zitronensaft und den Ahornsirup in einem kleinen Schälchen vermischen und als Dressing über den Spargel und die Erdbeeren geben.
4. Den Salat mit Meersalz und Pfeffer abschmecken und abschließend mit den Pinienkernen bestreuen.

Tipps:

- Dieser Salat eignet sich besonders gut als farbenfrohe Beilage zum Butternut-Mac-and-Cheese (Rezept S. 130).
- Anstelle der Pinienkerne passen auch klein gehackte Cashewkerne zu diesem Rezept. Für eine fettfreie Variante werden alle Kerne weggelassen.
- Mit einem Dampfgaraufsatz lässt sich der Spargel noch vitaminschonender garen.

Gesundheitswissen:

- Grüner Spargel enthält Antioxidantien wie Vitamin C, Beta-Carotin und Vitamin E, die helfen können, freie Radikale zu neutralisieren und damit das Risiko von Herzerkrankungen und Krebs zu reduzieren.
- Grüner Spargel kann auch roh verzehrt oder entsaftet werden. Spargelsaft hat eine entgiftende Wirkung.

Quinoasalat mit geröstetem Gemüse

Minuten: 20 + 20 (Backzeit) **12,5 g Fett pro Portion** **Portionen: 2**

Zutaten:

- 75 g Quinoa
- 180 ml Gemüsebrühe
- 1 rote Paprika
- 1 Zucchini
- 2 Pastinaken
- 1 Karotte
- 5 Knoblauchzehen
- 1 Glas braune Linsen (220 g Abtropfgewicht)
- 30 g Walnüsse
- 1 TL Ahornsirup
- 2 EL Zitronensaft
- 1 TL Zwiebelpulver
- 1 TL Paprikapulver
- 1 TL Kreuzkümmel
- ½ TL Gemüsebrühepulver
- 15 g Koriander
- ½ TL Meersalz
- ¼ TL schwarzer Pfeffer

♥ **Zubereitung:**

1. Den Backofen auf 200 °C Umluft vorheizen. Ein Backblech mit Backpapier auslegen und beiseitestellen.
2. Die Quinoa in einem Sieb heiß waschen und in einem Topf mit der Gemüsebrühe garen, bis sie luftig und weich ist. Die Gemüsebrühe sollte von der Quinoa vollständig aufgenommen sein. Zum Abkühlen beiseitestellen.
3. Während die Quinoa kocht, die Paprika waschen, entkernen und in mundgerechte Würfel schneiden. Die Zucchini waschen, die Enden entfernen und in kleine Würfel schneiden. Die Pastinaken sowie die Karotte waschen und die Enden abschneiden. Beides in mundgerechte Würfel schneiden. Den Knoblauch schälen.
4. Das Gemüse auf dem Backblech verteilen, die Knoblauchzehen in die Mitte geben und etwa 20 Minuten im Backofen rösten, bis es weich und leicht gebräunt ist. Nach der Backzeit das Gemüse einige Minuten bei geöffneter Backofentür abkühlen lassen. Den Knoblauch grob zerdrücken und unter das Gemüse mischen.
5. Die braunen Linsen in ein Sieb geben, spülen und abtropfen lassen.
6. Die Gewürze, das Meersalz, das Gemüsebrühepulver, den Zitronensaft und den Ahornsirup in einer großen Schüssel miteinander vermengen. Die Quinoa, die abgetropften braunen Linsen und das geröstete Gemüse hinzufügen und alles miteinander vermischen.
7. Den Koriander waschen und fein hacken. Die Walnüsse hacken. Beides abschließend über den Salat streuen und kalt oder noch lauwarm servieren.

Frühlings-Kartoffelsalat

Minuten: 10 | **0,5 g Fett pro Portion** | **Portionen: 2**

Zutaten:

- 500 g Pellkartoffeln (kalt)
- 3 Radieschen
- 1 EL gehackte Petersilie
- 3 EL gesunde Vinaigrette (Rezept S. 151)

Zubereitung:

1. Die Pellkartoffeln schälen, halbieren und in etwa 1 ½ cm dicke Scheiben schneiden. Die Kartoffelscheiben in eine Schale geben.
2. Die Radieschen waschen und in kleine Stücke schneiden. Die Petersilie waschen, abtropfen lassen und fein hacken.
3. Die Radieschen und die Petersilie zu den Kartoffeln geben. Abschließend die gesunde Vinaigrette hinzufügen und alles gründlich miteinander vermengen.

Tipps:

- Mit einer kleinen Prise „Kala-Namak-Salz“ bekommt der Kartoffelsalat einen dezenten Geschmack nach Ei, falls gewünscht.
- Anstelle der Petersilie passt auch Schnittlauch sehr gut.
- Der Kartoffelsalat schmeckt am besten, wenn er ein paar Stunden durchziehen konnte.

Gesundheitswissen:

- Pellkartoffeln sind reich an wichtigen Kohlenhydraten, die den Körper sofort mit Energie versorgen. Ohne eine zusätzliche Fettquelle sind Gerichte mit Kartoffeln sehr gut geeignet, um das Gewicht zu regulieren und den ganzen Tag genügend Kraft für alle anstehenden Tätigkeiten zu haben.

Pico de Gallo

Minuten: 15
+ 60 (Ziehzeit)

0,5 g Fett pro Portion

Portionen: 2

Zutaten:

- 350 g Strauchtomaten
- ½ rote Zwiebel
- ¼ rote Chilischote
- 1 kleine Knoblauchzehe
- 25 g Koriander
- 3 EL Limettensaft
- ¼ TL Meersalz

Zubereitung:

1. Die Strauchtomaten waschen und den Strunk sowie die Kerne entfernen. Das Fruchtfleisch in sehr kleine Stückchen schneiden. Die Zwiebel schälen, halbieren und ebenfalls in sehr feine Würfel schneiden. Die Chilischote waschen, halbieren, den Strunk und die Kerne entfernen und in sehr feine Stücke schneiden.
2. Den Knoblauch schälen und durch eine Knoblauchpresse drücken.
3. Alle Zutaten aus Schritt 1 und 2 in eine Schüssel geben. Abschließend das Meersalz, den Limettensaft und den gehackten Koriander unterrühren.

4. Vor dem Servieren das Pico de Gallo mindestens 1 Stunde durchziehen lassen.

Tipps:

- Dieser mexikanische Beilagensalat passt sehr gut zu Fingerfood und mexikanischen Gerichten. Er ist auch perfekt als Mitbringsel für Partys oder Brunches geeignet.
- Zum Schneiden der Chilischote unbedingt Küchenhandschuhe tragen, denn sonst könnte die Schärfe selbst Stunden später noch an die empfindlichen Schleimhäute des Gesichts gelangen.

Gesundheitswissen:

- Tomaten sind eine gute Quelle für Vitamin C, Vitamin K und Kalium. Außerdem enthalten sie Lycopin, ein starkes Antioxidans, das vor freien Radikalen schützt und nachweislich das Risiko einiger Krebsarten senkt.

Blumenkohlkroketten

Minuten: 25 + 25 (Backzeit)

1,5 g Fett pro Portion

Portionen: 12 (Stück)

Zutaten:

- 300 g Blumenkohl
- 300 g Kartoffeln (mehlig kochend)
- 30 g Kichererbsenmehl
- 1 TL Zwiebelpulver
- 1 TL Paprikapulver
- ½ TL Knoblauchgranulat
- ½ TL Meersalz

Zubereitung:

1. Die Kartoffeln waschen, schälen und in Würfel schneiden. Den Blumenkohl waschen und in Röschen zerteilen. Beides in einem Topf mit leicht gesalzenem Wasser etwa 15 Minuten garen. Das Kochwasser abgießen und das Gemüse in eine große Schüssel umfüllen.
2. Den Backofen auf 200 °C Umluft vorheizen. Ein Backblech mit Backpapier auslegen und beiseitestellen.
3. Das gegarte Gemüse mit einem Kartoffelstampfer (alternativ Pürierstab) zerstampfen. Das Kichererbsenmehl, die Gewürze sowie das Meersalz hinzufügen und alles mit einem Löffel vermengen.

4. Jeweils 1 gehäuften Esslöffel von der Blumenkohl-Kartoffel-Masse entnehmen und mit den Händen zu Kroketten formen. Auf dem Backblech platzieren und so fortfahren, bis alles aufgebraucht ist.
5. Die Kroketten für 25 Minuten in den Backofen geben, bis sie eine goldbraune Farbe annehmen. Abschließend die Kroketten aus dem Backofen nehmen und noch warm servieren.

Tipps:

- Die Blumenkohlkroketten gelingen auch gut in einer Heißluftfritteuse.
- Die Kroketten wirken optisch raffinierter mit etwas aufgestreuten Sesamsamen.

Gesundheitswissen:

- Blumenkohl enthält wenig Kalorien, aber viele Ballaststoffe, Mineralstoffe, Antioxidantien und sekundäre Pflanzenstoffe. Er ist auch bei Magen- und Darmbeschwerden ein sehr bekömmliches Gemüse.

Fettfreie Pommes

Minuten: 10 + 15 (Backzeit)

0,5 g Fett pro Portion

Portionen: 2

Zutaten:

- 8 Pellkartoffeln (kalt, groß)
- ⅛ TL Paprikapulver
- ¼ TL Meersalz

Zubereitung:

1. Den Backofen auf 200 °C Umluft vorheizen. Ein Backblech mit Backpapier auslegen und beiseitestellen.
2. Die Pellkartoffeln schälen und längs in 3 flache Stücke schneiden. Daraus, je nach gewünschter Dicke der Pommes, 2 bis 3 Stifte schneiden. Die Pommes auf dem Backblech auslegen.
3. Das Paprikapulver und das Meersalz in einem kleinen Schälchen miteinander vermischen und die Pommes damit würzen.
4. Die Pommes für 15 Minuten in den Backofen geben, bis sie knusprig und goldbraun werden.
5. Abschließend die Pommes aus dem Backofen nehmen und warm servieren.

Tipps:

- Mit einem Riffelmesser bekommen die Pommes eine wellige Struktur.
- Nach Art dieses Rezeptes lassen sich auch Süßkartoffelpommes herstellen.
- Die Pommes gelingen in der Heißluftfritteuse besonders gut.
- Als Dip zu den Pommes passt Curry-Ketchup (Rezept S. 148)

Gesundheitswissen:

- Gekaufte Backofenpommes können zwischen 5 und 15 g Fett pro 100 g enthalten. Dabei handelt es sich nicht etwa um gesunde Fette, die der Körper für seine Stoffwechselarbeit benötigt. Meist sind gekaufte Pommes in minderwertigem Sonnenblumenöl vorfrittiert und begünstigen aufgrund der Art und Menge des Fettes die Entstehung von Übergewicht. Die Pommes dieses Rezepts sind fast gänzlich fettfrei und belasten den Körper nicht.

Mexikanisches Bohnenmus

Minuten: 15 **2 g Fett pro Portion** **Portionen: 4**

Zutaten:

- 1 Glas Kidneybohnen (Abtropfgewicht 240 g)
- 1 rote Zwiebel
- 2 Knoblauchzehen
- 350 ml passierte Tomaten
- 1 ½ TL Gemüsebrühepulver
- ½ TL Paprikapulver
- 1 Prise Cayennepfeffer
- ½ TL Kreuzkümmel
- ½ TL Knoblauchgranulat
- 2 Stiele Koriander

Zubereitung:

1. Die Zwiebel und den Knoblauch schälen und jeweils grob hacken. Beides in einen Topf geben und unter Rühren ohne Öl anrösten. Nach einer Minute die Hitze reduzieren und die Gewürze sowie das Gemüsebrühepulver dazugeben. Immer wieder mit einem Holzlöffel rühren, damit alles rösten kann, ohne anzubrennen.
2. Langsam die passierten Tomaten hinzufügen und kurz köcheln lassen.
3. Die Bohnen in einem Sieb waschen, abtropfen lassen, hinzugeben und alles gründlich durchmischen. Die Mischung für weitere 5 Minuten köcheln lassen.

4. Anschließend den Topf vom Herd nehmen und den Inhalt mit einem Pürierstab oder einem Kartoffelstampfer zu Bohnenmus verarbeiten.

5. Den Koriander waschen und trocken tupfen. Mit einem scharfen Messer fein hacken und abschließend über das Bohnenmus streuen.

Tipp:

- Das mexikanische Bohnenmus hält sich im Kühlschrank etwa 5 Tage.

Gesundheitswissen:

- Kidneybohnen enthalten u. a. Antioxidantien, Proteine, Ballaststoffe, Eisen, Magnesium, Folsäure und Kalium.
- Dieses Bohnenmus enthält keine zugesetzten Fette, sondern nur solche, die natürlicherweise in den Hülsenfrüchten vorkommen. Im Gegensatz zu den stark verarbeiteten und hoch konzentrierten Fetten aus Ölen kann der Körper die Art und Menge dieser Fette sehr gut verstoffwechseln.

Romana-Fingerfood

Minuten: 15 **0,5 g Fett pro Portion** **Portionen: 4**

Zutaten:

- 1 Romanasalatherz
- 2 Selleriestangen
- 2 Karotten
- ½ gelbe Paprika
- ⅓ Salatgurke
- Dressing nach Wahl

Zubereitung:

1. Die Romanasalatblätter vom Strunk trennen, waschen, abtropfen lassen und beiseitestellen.
2. Für die Salatfüllung die Karotten waschen und vom Grün trennen. Die Salatgurke waschen. Die Paprika waschen, den Stiel und das Kerngehäuse heraustrennen. Die Selleriestangen waschen. Alles mit einer Küchenreibe grob raspeln oder mit einem Food-Processor (alternativ Küchenmixer) in feine Stücke hacken.
3. Die Romanasalatblätter mit dem Gemüse befüllen und abschließend mit einem Dressing nach Wahl beträufeln (z. B. mit dem milden Cashew-Rahm, Rezept S. 149).

Hummus ohne Öl

Minuten: 5 **5 g Fett pro Portion** **Portionen: 4**

Zutaten:

- 1 Glas Kichererbsen (230 g Abtropfgewicht)
- 25 g Tahin
- 1 kleine Knoblauchzehe
- 75 ml Mandelmilch
- ½ TL Kreuzkümmel
- 1 EL Zitronensaft
- ¼ TL Meersalz

Zubereitung:

1. Die Kichererbsen in einem Sieb abtropfen lassen, aber nicht abspülen, und in einen Food-Processor (alternativ Küchenmixer) umfüllen.
2. Den Knoblauch schälen, durch eine Knoblauchpresse drücken und zu den Kichererbsen geben.
3. Die restlichen Zutaten hinzufügen und den Food-Processor 2 bis 3 Minuten in verschiedenen Geschwindigkeiten laufen lassen, sodass die Masse gleichmäßig püriert und cremig wird.
4. Den Hummus abschließend in ein Glas oder Schälchen umfüllen.

Warme Gerichte

Karibischer Eintopf

Minuten: 30 | **9 g Fett pro Portion** | **Portionen: 2**

Zutaten:

- 500 g Süßkartoffeln
- 1 Glas Kichererbsen (230 g Abtropfgewicht)
- 1 gelbe Paprika
- 2 Zwiebeln
- 3 Knoblauchzehen
- ½ rote Chilischote
- 400 ml Gemüsebrühe
- 20 g Kokosmus
- 1 EL Limettensaft
- 1 cm Ingwer
- ¼ TL Ceylon-Zimt
- ¼ TL Nelkenpulver (alt. Pimentpulver)

Zubereitung:

1. Die Süßkartoffeln waschen, schälen und in Würfel schneiden. Die Paprika waschen, entkernen und in kleine Würfel schneiden. Die Zwiebel schälen und grob hacken. Die halbe Chilischote waschen und mit Küchenhandschuhen in Ringe schneiden. Den Knoblauch und den Ingwer schälen und fein hacken. Alles zusammen in einem großen Topf ohne Öl kurz anrösten lassen, dabei immer wieder rühren.
2. Die Zutaten im Topf mit der Gemüsebrühe ablöschen, einen Deckel aufsetzen und 10 Minuten bei mittlerer Hitze köcheln lassen.

3. Die Kichererbsen, das Kokosmus, die Gewürze und den Limettensaft hinzufügen.

4. Abschließend nochmals 5 Minuten köcheln lassen, bis alle Zutaten gar sind.

Tipp:

- Der Eintopf lässt sich auch gut vorkochen und einfrieren. Dann empfiehlt es sich, die Kichererbsen nicht mit einzufrieren, da sie sonst mehlig werden. Sie können am besten frisch dazugegeben werden, sobald das Gericht wieder aufgewärmt wird.

Gesundheitswissen:

- Süßkartoffeln haben entzündungshemmende Eigenschaften und können somit helfen, chronische Entzündungen im Körper zu reduzieren.
- Süßkartoffeln sind aufgrund ihrer vielen Nährstoffe ein äußerst gesundes Gemüse und ein verhältnismäßig günstiger Gesundheitsbooster.

Gnocchi in Tomatensoße

Minuten: 25 **3,5 g Fett pro Portion** **Portionen: 2**

Zutaten:

- 500 g Pellkartoffeln
- 120 g Tapiokastärke
- 100 g Kichererbsenmehl
- Tomatensoße mit Kräutern (Rezept S. 152)
- Kräuter (nach Wahl)
- ½ TL Meersalz

Zubereitung:

1. Die Kartoffeln schälen und in grobe Würfel schneiden. Die Kartoffelwürfel in eine Schüssel geben und mit einem Kartoffelstampfer gründlich zerdrücken. Die Tapiokastärke, das Kichererbsenmehl und das Meersalz hinzufügen und alles mit einem Löffel vermengen.
2. Den Teig mit den Händen kneten, bis er zu einer Kugel wird. Diese in 3 bis 4 Stücke zerteilen und jeweils zu einem Strang ausrollen.
3. Die Stränge in jeweils 2 cm große Stücke schneiden. Mit den Händen etwas nachformen, wenn die Gnocchi rund werden sollen. Die Gnocchi jeweils mit der Rückseite einer Gabel eindrücken, damit sie die typischen Rillen erhalten.

4. Einen großen Topf Wasser zum Kochen bringen. Die Gnocchi in das Wasser legen und etwa 3 bis 4 Minuten kochen, bis sie an der Oberfläche schwimmen.
5. Die Gnocchi mit einer Schaumkelle abschöpfen und auf einem Teller ablegen, sodass sie sich nicht berühren.
6. Die Gnocchi in den Topf mit der Tomatensoße mit Kräutern geben, kurz in der Soße schwenken, auf einen Teller geben und abschließend mit den Kräutern garnieren.

Tipps:

- ✔ Die Menge an Kichererbsenmehl hängt vom Wassergehalt der Kartoffeln ab. Eventuell kann die Menge etwas variieren.
- ✔ Die Gnocchi können ohne Soße in einem Glasbehälter etwa 5 Tage im Kühlschrank aufbewahrt werden.
- ✔ Für eine cremigere Soße ½ TL Tapiokastärke mit 4 EL Mandelmilch verrühren und unter die Tomatensoße rühren. Aufkochen lassen und wie im Rezept beschrieben weiter verfahren.

Gefüllte Quesadilla

Minuten: 35 | **4 g Fett pro Portion** | **Portionen: 1**

Zutaten:

Teigfladen

- 35 g Hafermehl (glutenfrei)
- 35 g Kichererbsenmehl
- 35 g Tapiokastärke
- 100-110 ml Wasser
- ¾ TL Zwiebelpulver
- ¼ TL Meersalz

Füllung

- 1 Pellkartoffel (mittelgroß)
- 2 EL Bohnenmus (Rezept S. 112)
- 100 g fettarme Käsesoße (Rezept S. 142)
- ½ Stange Frühlingszwiebeln
- ½ TL Kokosöl (optional)

Zubereitung:

1. Für die Teigfladen das Kichererbsenmehl, das Hafermehl, die Tapiokastärke, das Zwiebelpulver und das Meersalz in einer Schüssel miteinander vermengen. Langsam das Wasser dazu gießen und mit einem Schneebesen zu einem glatten Teig verrühren. Ggf. mehr Wasser dazunehmen, bis der Teig eine leicht flüssige Konsistenz hat.

2. Eine Bratpfanne dünn mit Kokosöl einpinseln. (Bei einer keramikbeschichteten Pfanne funktioniert es auch ohne Öl.) Die Hälfte des Teiges in die Pfanne geben, sodass ein runder Teigfladen entsteht. Nach etwa 3 Minuten wenden und von der anderen Seite ausbacken. Mit der anderen Hälfte des Teiges einen zweiten Teigfladen backen. Die fertigen Teigfladen beiseitestellen.
3. Für die Füllung das mexikanische Bohnenmus auf einen der Teigfladen streichen. Die Pellkartoffel schälen, in dünne Scheiben schneiden und auf dem Bohnenmus auslegen.
4. Die fettarme Käsesoße auf den Kartoffelscheiben verteilen.
5. Die Frühlingszwiebel waschen und in feine Ringe schneiden. Die Ringe auf der Soße verteilen und den zweiten Teigfladen oben auflegen.
6. Abschließend die gefüllte Quesadilla in Viertel schneiden.

Tipps:

- ✔ Am besten schmeckt die gefüllte Quesadilla, wenn sie vor dem Servieren 5 Minuten bei 200 °C im Backofen knusprig gegrillt wird.
- ✔ Dazu passt eine fettarme Guacamole (Rezept S. 146) und Pico de Gallo (Rezept S. 106).
- ✔ Die gefüllten Quesadilla-Viertel lassen sich 1 bis 2 Tage im Kühlschrank aufbewahren und bei Bedarf im Backofen oder in der Heißluftfritteuse knusprig aufbacken.

Indisches Auberginencurry

Minuten: 60 | **7 g Fett pro Portion** | **Portionen: 4**

Zutaten:

- 2 Auberginen
- 150 g Tomaten
- 1 Zwiebel
- 50 ml Gemüsebrühe
- 40 g Kokosmus
- 1 TL Currypulver
- ¼ TL Garam Masala
- 1 TL Zwiebelpulver
- ½ TL Knoblauchgranulat
- ¼ TL Ceylon-Zimt
- ½ TL Meersalz

Zubereitung:

1. Die Auberginen waschen und den Strunk entfernen. Die Auberginen in mundgerechte Würfel schneiden. Die Tomaten waschen, entkernen, den grünen Stielansatz herausschneiden und das Fruchtfleisch in grobe Würfel schneiden. Die Zwiebel schälen und in grobe Würfel schneiden.
2. Eine Pfanne ohne Öl erhitzen und die Zwiebelwürfel kurz darin anrösten. Dabei mit einem Holzlöffel die Würfel stetig hin- und herschieben, damit sie nicht anbrennen. Das restliche Gemüse und das Meersalz hinzufügen und 10 Minuten auf dieselbe Art weiterrösten.

3. Die Gewürze hinzufügen und sobald sie duften, den Inhalt der Pfanne mit der Gemüsebrühe ablöschen. Das Curry für weitere 10 Minuten und mit geschlossenem Deckel köcheln lassen.
4. Abschließend das Kokosmus in das Curry einrühren.

Tipp:

- ✔ Zu diesem exotischen Gericht passt eine Wildreismischung.

Gesundheitswissen:

- ✔ Auberginen enthalten Antioxidantien wie Anthocyane und Chlorogensäure. Sie schützen die Zellen des Körpers und reduzieren sogar unerkannte, innere Entzündungen.

Quinoa-Spinat-Pizza

Minuten: 35
+ 25 (Backzeit)

11 g Fett pro Portion

Portionen: 2

Zutaten:

- 150 g Quinoa
- 200 ml Wasser
- 10 g Tapiokastärke
- ½ Knoblauchzehe
- 40 g Babyspinat
- ¼ TL Kokosöl
- 120 g Tomatensoße mit Kräutern (Rezept S. 152)
- 1 TL Weinsteinbackpulver
- 100 g fettarme Käsesoße (Rezept S. 142)
- ½ TL Meersalz

Zubereitung:

1. Den Backofen auf 200 °C vorheizen. Ein Backblech mit Backpapier auslegen und dünn mit dem Kokosöl einpinseln. Das Backblech beiseitestellen.
2. Die Quinoa in einem feinmaschigen Sieb unter fließendem Wasser heiß abwaschen und abtropfen lassen. In einen Hochleistungsmixer (alternativ Küchenmixer) geben und mit dem Wasser, der Tapiokastärke, dem Weinsteinbackpulver, dem Knoblauch und dem Meersalz glatt pürieren.
3. Die Masse mit einem Löffel auf dem Backpapier kreisrund verteilen,

glatt streichen und für ca. 10 Minuten in den Backofen geben. Anschließend den Pizzaboden wenden und weitere 5 Minuten backen. Danach den Pizzaboden mit dem Backblech aus dem Backofen nehmen und auf dem Backblech liegen lassen.

4. Den Babyspinat abspülen und abtropfen lassen.
5. Den Pizzaboden mit der Tomatensoße bestreichen und mit dem Babyspinat belegen. Die fettarme Käsesoße auf der Pizza verteilen.
6. Die Pizza abschließend zurück in den Backofen geben und für ca. 10 Minuten fertig backen.

Tipp:

- ✔ Die Pizza kann mit beliebigem Gemüse oder anderen Toppings belegt werden.

Gesundheitswissen:

- ✔ Quinoa ist ein sehr nahrhaftes und gesundes Lebensmittel. Es enthält kein Gluten, kann aber wie Getreide in der Küche verwendet werden. Quinoa versorgt den Körper u. a. mit Proteinen, Eisen, Magnesium und B-Vitaminen.

Shakshuka mit Hummus

Minuten: 40 **9 g Fett pro Portion** **Portionen: 4**

Zutaten:

- 250 g Quinoa
- 3 rote Paprika
- 1 rote Zwiebel
- 300 g Tomaten
- 2 Knoblauchzehen
- 1 EL Zitronensaft
- 50 g Tomatenmark
- 100 ml Gemüsebrühe
- 500 ml Wasser
- 1 TL Kreuzkümmel
- 1 TL Paprikapulver
- ½ TL Knoblauchgranulat
- 300 g ölfreier Hummus (Rezept S. 115)
- 20 g Koriander
- ¼ TL geräuchertes Salz
- ¼ TL Cayennepfeffer

Zubereitung:

1. Die Quinoa in einem feinmaschigen Sieb unter fließendem Wasser gründlich abspülen, in einen Kochtopf geben und mit dem Wasser bedecken. Für etwa 15 Minuten garen und anschließend im Topf auf dem Herd quellen lassen.
2. Während die Quinoa gart, die Zwiebel schälen, halbieren und in dünne Scheiben schneiden. Die Paprika waschen, halbieren und das Kerngehäuse sowie den Strunk entfernen. Die Paprika in feine

Streifen schneiden. Die Tomaten waschen, den Stielansatz entfernen und das Fruchtfleisch in Stücke schneiden.

3. Den Knoblauch schälen, durch eine Presse geben und in einer großen Pfanne ohne Öl für kurze Zeit anrösten. Anschließend die Paprikastreifen, die Zwiebelscheiben und die Tomatenstücke dazugeben.
4. Sobald die Tomaten Flüssigkeit abgegeben haben, die Temperatur reduzieren. Das Tomatenmark, das geräucherte Salz und die Gewürze hinzufügen. Die Gemüsebrühe dazugeben, umrühren, einen Deckel aufsetzen und bei mittlerer Hitze etwa 15 Minuten einköcheln lassen. Zwischendurch einige Male umrühren.
5. Sobald die Shakshuka fertig gegart ist, mit dem Zitronensaft abschmecken. 4 gehäufte EL Hummus nebeneinander auf der Shakshuka platzieren.
6. Den Koriander waschen und grob in Stücke zupfen. Einen Teil davon zum Garnieren verwenden. Den restlichen Teil abschließend zusammen mit der Quinoa zur Shakshuka servieren.

Tipp:

- ✔ Das Shakshuka ist ein nordafrikanisches Gericht und immer wieder ein Hingucker für Gäste. Es kann in einem großen Topf oder einem gusseisernen Bräter in die Mitte des Tisches gestellt werden und jeder bedient sich direkt daraus.

Butternut-Mac-and-Cheese

Minuten: 25 + 4,5 Stunden (Einweich- und Backzeit)

6 g Fett pro Portion

Portionen: 4

Zutaten:

- 300 g Nudelhörnchen (z. B. aus Linsen)
- 350 g Butternut-Kürbis
- 70 g Cashewkerne
- 1 Pellkartoffel (kalt, groß)
- 180 ml Gemüsebrühe
- 220 g fettarme Käsesoße (Rezept S. 142)
- 1 Knoblauchzehe
- 1 TL Paprikapulver
- 1 TL Knoblauchgranulat
- 1 EL Zitronensaft
- ½ TL Meersalz

Zubereitung:

1. Die Cashewkerne in eine Schale legen und mit Wasser bedecken. Für mindestens 4 Stunden einweichen lassen. Anschließend das Wasser abgießen, die Cashewkerne abspülen und abtropfen lassen.
2. Den Butternut-Kürbis schälen, halbieren und entkernen. Das Fruchtfleisch in grobe Würfel schneiden und in einem großen Topf mit etwas Wasser 5 Minuten bissfest garen.

3. Das Wasser abgießen. Die Pellkartoffel schälen. Zusammen mit den abgetropften Cashewkernen, der Gemüsebrühe und den Gewürzen in den Topf mit dem Kürbis geben und mit einem Pürierstab zu einer cremigen Soße pürieren. Mit Meersalz und Zitronensaft abschmecken.
4. Den Backofen auf 180 °C Umluft vorheizen.
5. Die glutenfreien Nudeln der Packungsanleitung entsprechend zubereiten. Nach der Kochzeit durch ein Sieb gießen und zur Soße in den Topf geben. Vorsichtig umrühren, damit die Nudeln sich mit der Soße verbinden. Eine Auflaufform mit der Mischung befüllen.
6. Die fettarme Käsesoße auf dem Auflauf verteilen.
7. Den Auflauf in den Backofen geben und 30 Minuten lang backen, bis die Soße Blasen wirft und die Oberfläche eine goldbraune Farbe angenommen hat.
8. Abschließend den Auflauf aus dem Backofen nehmen und sofort warm servieren.

Tipp:

- ✔ Zu dem Auflauf passen frische Frühlingszwiebeln zum Bestreuen und ein grüner Blattsalat als Beilage.

Gesundheitswissen:

- ✔ Butternut-Kürbis ist reich an wichtigen Nährstoffen wie Vitamin A, C und E. Diese Vitamine unterstützen das Immunsystem und fördern das Wachstum sowie die Erhaltung von gesundem Gewebe. Sie helfen dem Körper, freie Radikale zu bekämpfen.

Bunte Gemüsepfanne

Minuten: 25 | **0,5 g Fett pro Portion** | **Portionen: 2**

Zutaten:

- 1 rote Paprika
- 1 gelbe Paprika
- 1 Zucchini
- 1 Zwiebel
- 3 Knoblauchzehen
- 4 Stangen grüner Spargel
- 75 ml Gemüsebrühe
- ½ TL Thymian

Zubereitung:

1. Die Paprika waschen, die Kerne sowie den Stielansatz entfernen und in Streifen schneiden. Die Zucchini waschen und in Scheiben schneiden, die Enden entfernen. Die Zwiebel und den Knoblauch schälen, jeweils fein hacken. Den grünen Spargel waschen, die holzigen Enden entfernen und in etwa 3 cm lange Stücke schneiden.
2. Das Gemüse ohne Öl in eine Pfanne geben, erhitzen und mit einem Pfannenwender stetig wenden. Die Gemüsebrühe dazugeben und das Gemüse etwa 15 Minuten köcheln lassen. Hin und wieder umrühren, damit sich nichts am Pfannenboden absetzt.
3. Die Gemüsepfanne abschließend mit dem Thymian würzen.

Tipps:

- Zu der Gemüsepfanne passen Pellkartoffeln und die Koriander-Tahin-Creme (Rezept S. 150) als Beilage.
- Außerhalb der Spargelsaison eignen sich auch Rosenkohl oder Kohlrabi.

Gesundheitswissen:

- Zucchini enthält viel Vitamin C, Vitamin A, Vitamin K, Folsäure, Kalium und Mangan. Davon profitieren u. a. das Immunsystem und die Verdauung.
- Bereits eine einzige rote Paprika deckt mehr als den durchschnittlichen Tagesbedarf eines Erwachsenen an Vitamin C.
- Gemüsepfannen bieten eine schmackhafte Gelegenheit, viel Gemüse auf einmal zu verzehren. Die Gemüsesorten können nach Geschmack und Saison abgeändert werden.

Brokkolicremesuppe

Minuten: 20 **2,5 g Fett pro Portion** **Portionen: 2**

Zutaten:

- 450 g TK-Brokkoli
- 250 ml Gemüsebrühe
- 250 ml Mandelmilch
- 2 Pellkartoffeln (kalt)
- ½ TL Zwiebelpulver

Zubereitung:

1. Den TK-Brokkoli in einen großen Topf geben. Mit der Gemüsebrühe übergießen und etwa 10 Minuten köcheln lassen, bis er gar ist.
2. Die Pellkartoffeln schälen, in grobe Stücke schneiden und zum Brokkoli geben.
3. Das Gemüse mitsamt der Gemüsebrühe mit einem Pürierstab pürieren. Immer wieder etwas von der Mandelmilch hinzufügen, bis eine cremige Suppe entsteht.
4. Das Zwiebelpulver hinzufügen und die Suppe abschließend ggf. mit mehr Mandelmilch abschmecken.

Tipp:

- Als Topping für die Suppe eignen sich kleine Brotwürfel des Haferkernbrotes (Rezept S. 80) oder frische Sprossen.

Gesundheitswissen:

- Brokkoli ist reich an Vitamin C, das das Immunsystem und das Bindegewebe stärkt. Er enthält auch viele Antioxidantien, einschließlich Flavonoide und Carotinoide, die helfen können, Zellschäden zu verhindern und das Krebsrisiko reduzieren. Eine Portion dieser Suppe enthält gleich 225 g des grünen Superfoods.

Lasagnesuppe

Minuten: 35 **5 g Fett pro Portion** **Portionen: 2**

Zutaten:

- 2 Gläser braune Linsen (à 220 g Abtropfgewicht)
- 175 g Tomatenmark
- 1 Zwiebel
- 3 Knoblauchzehen
- 700 ml Gemüsebrühe
- 100 ml Mandelmilch
- 5 Lasagneplatten (glutenfrei)
- ½ TL Thymian
- 8 Blätter Basilikum
- Meersalz
- Schwarzer Pfeffer

Zubereitung:

1. Die Linsen in ein Sieb geben, gründlich abspülen und abtropfen lassen.
2. Die Zwiebel und den Knoblauch schälen und jeweils fein hacken. In einen großen Topf geben und ohne Öl für kurze Zeit anrösten.
3. Das Tomatenmark hinzufügen und mit der Gemüsebrühe aufgießen. Unter Rühren aufkochen lassen und anschließend die Hitze reduzieren.

4. Die Lasagneplatten in Stücke oder Streifen brechen und in den Topf geben. Etwa 10 Minuten köcheln lassen und gelegentlich umrühren, damit sich nichts am Boden des Topfes absetzt.
5. Die Linsen hinzufügen und weitere 10 Minuten unter gelegentlichem Rühren köcheln lassen.
6. Die Suppe mit der Mandelmilch aufgießen und mit dem Thymian sowie etwas Meersalz und Pfeffer abschmecken. Abschließend mit dem frischen Basilikum garnieren.

Tipps:

- Die Lasagnesuppe schmeckt am nächsten Tag noch besser, da die Aromen dann Zeit hatten, sich zu entfalten. Daher kann sie gut im Voraus gekocht werden.
- Sehr empfehlenswert sind Lasagneplatten aus grünen Linsen.
- Als Topping für die Suppe eignet sich der milde Cashew-Rahm (Rezept S. 149).

Gesundheitswissen:

- Braune Linsen bringen hochwertiges pflanzliches Protein mit, das alle essenziellen Aminosäuren enthält, die der Körper nicht selbst herstellen kann. 100 g gekochte braune Linsen enthalten etwa 4 g vollständige Proteine.

Süßkartoffel-Butternut-Suppe

Minuten: 25 | **3 g Fett pro Portion** | **Portionen: 2**

Zutaten:

- 400 g Butternut-Kürbis
- 500 g Süßkartoffeln
- 400 ml Gemüsebrühe
- 300 ml Mandelmilch
- ¼ TL Senfmehl
- ½ TL Knoblauchgranulat
- 1 Prise Muskat
- 1 EL Zitronensaft
- Meersalz
- Schwarzer Pfeffer

Zubereitung:

1. Den Butternut-Kürbis waschen, schälen und entkernen. Das Fruchtfleisch in grobe Würfel schneiden. Die Süßkartoffeln waschen, schälen und in grobe Würfel schneiden.
2. Die Gemüsewürfel in einen Topf geben, mit der Gemüsebrühe aufgießen und aufkochen lassen. Etwa 15 Minuten bei mittlerer Hitze köcheln lassen.
3. Die Mandelmilch, die Gewürze und den Zitronensaft hinzufügen und alles mit einem Pürierstab zu einer cremigen Suppe pürieren. Mit Meersalz und Pfeffer abschmecken.

Soßen & Dressings

Fettarme Käsesoße

Minuten: 5 | **2 g Fett pro Portion** | **Portionen: 2**

Zutaten:

- 200 ml Mandel- oder Cashewmilch
- 1 Pellkartoffel (kalt, mittelgroß)
- 20 g Tapiokastärke
- ¼ TL Paprikapulver
- ½ TL Zwiebelpulver
- ½ TL Knoblauchgranulat
- 1 Prise Kurkuma
- ½ TL Meersalz

Zubereitung:

1. Die Mandelmilch in einen kleinen Kochtopf gießen. Die Tapiokastärke und die Gewürze hinzugeben und mit einem Schneebesen gründlich verrühren.
2. Die Milch langsam aufkochen lassen und dabei stetig rühren. Sofort wieder vom Herd nehmen, sobald die Milch aufgekocht ist.
3. Die Pellkartoffel schälen, in Würfel schneiden und zur Soße geben. Abschließend alles mit einem Pürierstab zu einer feinen Soße pürieren.

Tipp:

- Um Zeit zu sparen, ist es empfehlenswert, immer eine große Menge auf einmal zuzubereiten und im Kühlschrank aufzubewahren. Dort hält sich die Soße etwa 6 Tage.

Tsatsiki

Minuten: 10 + 4,5 Stunden (Einweich- und Ziehzeit)

10,5 g Fett pro Portion

Portionen: 4

Zutaten:

- 100 g Cashewkerne
- ⅓ Salatgurke
- 3 Knoblauchzehen
- 2 ½ EL Zitronensaft
- ½ TL Meersalz

Zubereitung:

1. Die Cashewkerne mindestens 4 Stunden in einer Schüssel in lauwarmem Wasser einweichen lassen. Anschließend abspülen und abtropfen lassen. Die eingeweichten Cashewkerne in einen Hochleistungsmixer (alternativ Küchenmixer) geben.
2. Die Hälfte des Salatgurkendrittels schälen und in grobe Würfel schneiden. Den Knoblauch schälen und grob hacken. Beides mit dem Zitronensaft zu den Cashewkernen in den Hochleistungsmixer geben. Alles zu einer cremigen Masse verarbeiten.
3. Die restliche Salatgurke waschen und mit einer Küchenreibe grob reiben. Die geriebene Salatgurke in ein festes Küchentuch geben und die Flüssigkeit herausdrücken. Die geriebene Salatgurke mit einem Löffel in die gemixte Masse unterrühren.

4. Das Tsatsiki mit dem Meersalz abschmecken und abschließend für mindestens 30 Minuten in den Kühlschrank stellen, damit es sein volles Aroma entfalten kann.

Tipp:

- Wenn es sich um eine Bio-Salatgurke handelt, kann die Schale zur Herstellung von erfrischendem Gurkenwasser genutzt werden. Dazu die Schale der Salatgurke in eine Wasserkaraffe legen, mit stillem Wasser auffüllen und mindestens 1 Stunde ziehen lassen.

Gesundheitswissen:

- Cashewkerne haben mit 42 g pro 100 g verhältnismäßig viel Fett, doch die Qualität dieser vorwiegend einfach ungesättigten Fettsäuren ist recht gut. Außerdem sind Cashewkerne reich an Magnesium und Vitamin B6. Daher sind sie, wenn der Gesamtfettanteil im Laufe des Tages stimmt, eine köstliche Bereicherung im Rahmen einer cleanen Ernährungsweise.

Guacamole ‚Light'

Minuten: 10 | **6,5 g Fett pro Portion** | **Portionen: 4**

Zutaten:

- 1 Avocado
- 1 Pellkartoffel (mittelgroß)
- 3 EL Mandelmilch
- 1 Knoblauchzehe
- 1 EL Zitronensaft
- ½ TL Meersalz

Zubereitung:

1. Die Avocado aufschneiden, entkernen, das Fruchtfleisch herauslösen und in einen Hochleistungsmixer (alternativ Küchenmixer) geben.
2. Die Pellkartoffel schälen und in Würfel schneiden. Den Knoblauch schälen und grob hacken. Beides zur Avocado geben.
3. Abschließend die Mandelmilch, den Zitronensaft und das Meersalz hinzufügen und so lange pürieren, bis eine cremige Guacamole entsteht.

Tipps:

- Je nach Größe der Kartoffel kann mehr Mandelmilch erforderlich sein, um eine glatte Guacamole zu erhalten.
- Die Guacamole schmeckt aufgrund der Kartoffel und der Mandelmilch recht mild. Daher passen kräftige Nuancen wie Knoblauch und frische Kräuter sehr gut dazu.
- Die Guacamole sollte am besten noch am selben Tag verzehrt werden.

Curry-Ketchup

Minuten: 5 | **0,5 g Fett pro Portion** | **Portionen: 2**

Zutaten:

- 30 g Tomatenmark
- 15 g Dattelsirup
- 2 EL Apfelsaft
- 1 EL Zitronensaft
- ½ TL Currypulver
- ¼ TL Knoblauchgranulat
- ¼ TL Zwiebelpulver

Zubereitung:

1. Alle Zutaten in einem Schälchen miteinander vermengen.

Tipp:

- In einem sauberen, verschließbaren Glas kann der Curry-Ketchup etwa 4 Tage im Kühlschrank gelagert werden.

Milder Cashew-Rahm

Minuten: 5 + 4 Stunden (Einweichzeit) | **8,5 g Fett pro Portion** | **Portionen: 4**

Zutaten:

- 80 g Cashewkerne
- 120 ml Wasser
- 3 EL Zitronensaft
- ½ TL Meersalz

Zubereitung:

1. Die Cashewkerne mindestens 4 Stunden in einer Schüssel in lauwarmem Wasser einweichen lassen. Anschließend abspülen und abtropfen lassen. Die eingeweichten Cashewkerne in einen Hochleistungsmixer (alternativ Küchenmixer) geben.
2. Den Zitronensaft zu den Cashewkernen geben und das Meersalz hinzufügen.
3. Die Mischung abschließend so lange pürieren, bis eine cremige Masse entsteht.

Tipp:

- Der Cashew-Rahm hält sich verschlossen etwa 5 Tage im Kühlschrank.

Koriander-Tahin-Creme

Minuten: 5 **7,5 g Fett pro Portion** **Portionen: 5**

Zutaten:

- 75 g Tahin
- 25 g Koriander
- 75 ml Wasser
- 4 EL Zitronensaft
- ¼ TL Meersalz

Zubereitung:

1. Den Koriander waschen, trocken tupfen und grob hacken.
2. Zusammen mit allen weiteren Zutaten in einen Multizerkleinerer geben und abschließend zu einer Creme pürieren.

Tipp:

- Diese Creme kann wie Pesto verwendet werden, z. B. auf der Quinoa-Spinat-Pizza (Rezept S. 126) oder zur bunten Gemüsepfanne (Rezept S. 132).

Gesunde Vinaigrette

Minuten: 5 | **0,5 g Fett pro Portion** | **Portionen: 2**

Zutaten:

- 3 EL Zitronensaft
- 2 TL Ahornsirup
- ½ TL Senfmehl
- ½ TL Gemüsebrühepulver

Zubereitung:

1. Alle Zutaten in einem kleinen Schälchen miteinander verrühren.

Tipps:

- Die Vinaigrette hält sich gut verschlossen etwa 5 Tage im Kühlschrank.
- Senfmehl gibt es nicht überall zu kaufen, doch im Gewürzregal gibt es oft ganze Senfkörner. Diese können in einem Multizerkleinerer (alternativ kleinerer Küchenmixer) schnell zu frischem Senfmehl verarbeitet werden.

Tomatensoße mit Kräutern

Minuten: 20 **0,5 g Fett pro Portion** **Portionen: 2**

Zutaten:

- 500 g Strauchtomaten
- 1 Zwiebel
- 3 Knoblauchzehen
- 100 ml Gemüsebrühe
- 10 ml Zitronensaft
- 10 Blätter Basilikum
- ½ TL Oregano
- ½ TL Rosmarin
- ½ TL Thymian
- ¼ TL Meersalz

Zubereitung:

1. Die Tomaten waschen und den grünen Stielansatz sowie das Kerngehäuse herausschneiden. Die Zwiebel und den Knoblauch schälen. Den Knoblauch hacken und die Tomaten sowie die Zwiebeln in kleine Würfel schneiden.
2. Die Zwiebel- und die Knoblauchstücke in einem Topf ohne Öl anrösten und stetig wenden, damit sie nicht anbrennen. Nach etwa 1 Minute die Tomatenwürfel dazugeben und nochmals heiß anrösten. Die Hitze reduzieren.
3. Sobald die Tomaten etwas zusammengefallen sind, mit der Gemüsebrühe ablöschen. Ohne Deckel 10 Minuten köcheln lassen und gelegentlich umrühren, damit sich nichts am Boden absetzen

kann.

4. Die Zutaten im Topf mit einem Pürierstab kurz pürieren, sodass die Soße sämig wird, aber noch Textur hat.

5. Die getrockneten Kräuter und den Zitronensaft unterrühren.

6. Die frischen Basilikumblätter waschen, abtropfen lassen, in feine Streifen schneiden und kurz vor dem Servieren abschließend unter die Soße heben.

Tipps:

- ✔ Die Soße passt gut zu (glutenfreien) Nudelgerichten und zur bunten Gemüsepfanne (Rezept S. 132).
- ✔ Wenn die Soße weniger rustikal sein soll, können die frischen Tomaten auch unter heißem Wasser abgespült und anschließend gehäutet werden.
- ✔ Für einen feineren Geschmack kann ½ TL Kokosblütenzucker eingerührt werden.
- ✔ Die Soße hält sich im Kühlschrank etwa 3 bis 4 Tage.

Süßes & Snacks

Apfel-Kastanien-Kuchen

Minuten: 15 + 45 (Backzeit)

12,5 g Fett pro Portion

Portionen: 8

Zutaten:

- 350-400 g Äpfel
- 160 g Kastanienmehl
- 1 sehr reife Banane
- 100 ml Mandelmilch
- 80 ml + 2 EL Ahornsirup
- 100 g Apfel-Bananen-Mark
- ½ TL gemahlene Vanille
- 1 TL Ceylon-Zimt
- 2 TL Weinsteinbackpulver

Zubereitung:

1. Die Äpfel waschen, in Viertel zerteilen und entkernen. Die Äpfel in ½ cm dicke Spalten schneiden und beiseitestellen.
2. Den Backofen auf 180 °C Umluft vorheizen. Eine Springform (26 cm Durchmesser) mit Backpapier auslegen oder dünn mit Kokosöl einfetten und beiseitestellen.
3. Die Banane schälen und mit einer Gabel in einer Schüssel zu Mus zerdrücken. Das Kastanienmehl, das Weinsteinbackpulver und die Gewürze hinzufügen und alles miteinander vermengen.

4. 50 g des Apfel-Bananen-Marks, die Mandelmilch und 80 ml des Ahornsirups hinzufügen und mit einem Schneebesen verrühren, bis ein geschmeidiger Teig entsteht.
5. Die Springform mit dem Teig befüllen und zu einem flachen Boden glatt streichen.
6. Die restlichen 50 g des Apfel-Bananen-Marks gleichmäßig auf dem Boden verteilen.
7. Die Apfelspalten kreisförmig darauf auslegen.
8. Den Kuchen in den Backofen geben und 45 Minuten backen, bis die Äpfel weich und leicht gebräunt aussehen.
9. Den Kuchen abschließend aus dem Backofen nehmen, mit dem restlichen Ahornsirup beträufeln und leicht warm servieren.

Tipps:

- Zu dem Kuchen passt eine Kugel Bananeneis (Rezept S. 172).
- Der Kuchen kann am Folgetag wieder kurz aufgebacken werden.

Karottenkuchen mit Frosting

Minuten: 20
+ 30 (Backzeit)

2,5 g Fett pro Portion

Portionen: 12
(Stück)

Zutaten:

Kuchen

- 2 reife Bananen
- 150 g Karotten
- 100 g Vollkornreismehl
- 100 g Kichererbsenmehl
- 50 g Mandelmehl
- 75 ml Ahornsirup
- 50 g Kokosblütenzucker
- 2 TL Weinsteinbackpulver
- ½ TL gemahlene Vanille
- ½ TL Ceylon-Zimt
- ¼ TL Natron
- 1 EL Zitronensaft

Frosting

- 30 g Kokosmus
- 45 ml Ahornsirup
- 2 EL Zitronensaft

♥ Zubereitung:

1. Den Backofen auf 180 °C Umluft vorheizen. Eine rechteckige flache Kuchenform (ca. 18 x 27 cm) mit Backpapier auslegen oder dünn mit Kokosöl einfetten und beiseitestellen.
2. Die Bananen schälen und in einer Rührschüssel mit einer Gabel zerdrücken.
3. Die Karotten schälen und mit einer Küchenreibe zu den Bananen fein reiben.
4. Die trockenen Zutaten hinzufügen und alles kurz durchmischen. Den Ahornsirup sowie den Zitronensaft einrühren und nochmals verrühren.
5. Den Teig in die Kuchenform füllen und glatt streichen. Für 30 Minuten in den Backofen geben.
6. Für den Guss das Kokosmus in einem Wasserbad zerlassen. Das Wasser und den Ahornsirup hinzufügen und alles gründlich miteinander verrühren. Im Wasserbad flüssig halten.
7. Den Kuchen aus dem Backofen nehmen und aus der Form lösen, sobald er abgekühlt ist. Abschließend den Guss darüber verteilen und den Kuchen bis zum Anschneiden in den Kühlschrank stellen.

Tipp:

- ✔ Der Kuchen hält sich luftdicht verschlossen im Kühlschrank etwa 5 Tage.

Orangen-Zimt-Kuchen

Minuten: 15
+ 35 (Backzeit)

1 g Fett pro Portion

Portionen: 9
(Stücke)

Zutaten:

- 2 sehr reife Bananen
- 1 Bio-Orange
- 150 ml Mandelmilch
- 60 ml + 1 EL Ahornsirup
- ¼ TL Natron
- 100 g Vollkornreismehl
- 2 TL Weinsteinbackpulver
- 100 g Kichererbsenmehl
- ¾ TL Ceylon-Zimt
- ¼ TL gemahlene Vanille

Zubereitung:

1. Den Backofen auf 180 °C Umluft vorheizen. Eine Kastenform (ca. 30 cm) mit Backpapier auslegen oder dünn mit Kokosöl einfetten und beiseitestellen.
2. Eine Bio-Orange waschen und die Schale mit einer feinen Reibe abreiben.
3. Die Bananen schälen und in Stücke brechen. In einen Food-Processor (alternativ Küchenmixer) geben. Die Mandelmilch, 60 ml Ahornsirup, die gemahlene Vanille, den Zimt und den Orangenabrieb dazugeben und kurz auf niedrigster Stufe pürieren. Anschließend auf höchster Stufe glatt mixen.

4. Das Vollkornreismehl, das Kichererbsenmehl, das Weinsteinbackpulver sowie das Natron hinzufügen und nochmals auf höchster Stufe zu einem glatten Teig verrühren.

5. Den Teig in die Kastenform umfüllen und für ca. 35 Minuten in den Backofen geben, bis sich die Oberfläche goldbraun färbt.

6. Den Kuchen aus dem Backofen nehmen, auskühlen lassen und für einen dezenten Glanz abschließend mit dem restlichen Ahornsirup bepinseln.

Tipp:

- ✔ Ohne die Beigabe der Orange und des Zimts eignet sich dieser Kuchen auch als mild-süßes Frühstücksbrot. So kann er auch als Tortenboden verwendet werden, z. B. für die Erdbeer-Sahne-Schnittchen (Rezept S. 166).

Schnelle Rosinen-Muffins

Minuten: 10 + 25 (Backzeit)

2 g Fett pro Portion

Portionen: 6 (Stück)

Zutaten:

- 200 g Kichererbsenmehl
- 2 sehr reife Bananen
- 3 EL Rosinen
- 125 ml Ahornsirup
- 125 ml Hafermilch (glutenfrei)
- 2 TL Weinsteinbackpulver
- ¼ TL Natron
- 1 TL gemahlene Vanille

Zubereitung:

1. Den Backofen auf 180 °C Umluft vorheizen. Eine Muffinbackform (alternativ andere kleine Backförmchen) mit 6 Muffinförmchen auslegen.
2. Das Kichererbsenmehl, das Weinsteinbackpulver, das Natron und die gemahlene Vanille in einen Food-Processor (alternativ Küchenmixer) geben und kurz miteinander vermengen. Die Bananen schälen, in Stücke brechen und zusammen mit den restlichen Zutaten (bis auf die Rosinen) ebenfalls in den Food-Processor geben. Alle Zutaten darin zu einem luftigen Teig verarbeiten.
3. Das Schneidemesser des Food-Processors herausnehmen und die Rosinen mit einem Löffel unter den fertigen Teig heben.

4. Den Teig gleichmäßig auf die 6 Muffinförmchen verteilen.
5. Die Muffins für 25 Minuten in den Backofen geben, bis sie sich goldbraun färben und süßlich duften. Abschließend aus dem Backofen nehmen und vor dem Verzehr auskühlen lassen.

Tipps:

- Die Muffins halten sich luftdicht verschlossen und im Kühlschrank etwa 3 bis 4 Tage.
- Sie eignen sich auch aufgetoastet und mit Dattelkaramell (Rezept S. 169) bestrichen als gesunder Nachmittagssnack.

Cherry-Cheesecake-Muffins

Minuten: 15
+ 20 (Backzeit)

2,5 g Fett pro Portion

Portionen: 6
(Stück)

Zutaten:

- 1 sehr reife Banane
- 100 g Kichererbsenmehl
- 125 ml Hafermilch (glutenfrei)
- 70 g TK-Sauerkirschen
- 30 g Vollkornreismehl
- 1 TL Weinsteinbackpulver
- 50 ml + 1 EL Ahornsirup
- ¼ TL gemahlene Vanille
- 12 TL milder Cashew-Rahm (Rezept S. 149)

Zubereitung:

1. Den Backofen auf 180 °C Umluft vorheizen. Eine Muffinbackform (alternativ andere kleine Backförmchen) mit 6 Muffinförmchen auslegen.
2. Das Kichererbsenmehl, das Vollkornreismehl und das Weinsteinbackpulver in einen Food-Processor (alternativ Küchenmixer) geben und kurz miteinander vermengen. Die Banane schälen, in Stücke brechen und die Hafermilch sowie 50 ml Ahornsirup hinzufügen. Alles zu einem luftigen Teig verarbeiten.
3. Den Teig gleichmäßig auf die 6 Muffinförmchen verteilen.

4. Den restlichen Ahornsirup und die gemahlene Vanille mit dem milden Cashew-Rahm in einer Schüssel verrühren. Jeweils 2 TL Cashew-Rahm pro Muffin in die Mitte des Teigs setzen. Bei jedem Muffin 3 Sauerkirschen in die Füllung drücken, sodass sie oben nur noch ein Stückchen herausgucken.
5. Die Muffins in den Backofen geben und 20 Minuten backen.
6. Abschließend aus dem Backofen nehmen und vor dem Verzehr auskühlen lassen.

Tipp:

- ✔ Die Muffins halten sich luftdicht verschlossen im Kühlschrank etwa 3 Tage.

Erdbeer-Sahne-Schnittchen

Minuten: 15 + 4 Stunden(Zieh- und Backzeit)

7 g Fett pro Portion

Portionen: 8 (Stück)

Zutaten:

- 140 g Erdbeer-Vanille-Marmelade (Rezept S. 78)
- 100 g Cashewkerne
- 140 ml Mandelmilch
- 30 ml Ahornsirup
- 1 Orangen-Zimt-Kuchen ohne Zimt und Orangenabrieb (Rezept S. 160)
- ½ TL gemahlene Vanille
- 150 g Erdbeeren

Zubereitung:

1. Für die Cremeschicht die Cashewkerne mindestens 4 Stunden in einer Schüssel in Wasser einweichen lassen. Anschließend in ein Sieb geben, abspülen und abtropfen lassen.
2. Den Orangen-Zimt-Kuchen ohne Zimt und Orangenabrieb in einer flachen und rechteckigen Form (ca. 18 x 27 cm) backen und abkühlen lassen.
3. Den Kuchen aus der Form lösen und mit einem großen Messer oder einem Draht quer in 2 flache Böden schneiden.

4. Den oberen Boden anheben. Die Erdbeer-Vanille-Marmelade gleichmäßig auf dem unteren Boden verstreichen.
5. Die Cashewkerne zusammen mit der Mandelmilch, dem Ahornsirup und der gemahlenen Vanille in einen Hochleistungsmixer (alternativ Küchenmixer) geben und so lange pürieren, bis eine glatte Masse entsteht.
6. Einige EL der Creme auf die Erdbeermarmelade streichen. Den oberen Boden wieder aufsetzen und die restliche Creme auf dem oberen Boden verstreichen.
7. Die Erdbeeren waschen und das Grün entfernen.
8. Die Schnittchen bis zum Servieren kühl stellen und abschließend mit den frischen Erdbeeren garnieren.

Tipp:

- ✔ Außerhalb der Erdbeersaison können auch Heidelbeeren, Himbeeren oder andere Früchte für die Sahneschnittchen verwendet werden.

Himbeer-Bubble-Pudding

Minuten: 5 + 30 (Kochzeit) | **1,5 g Fett pro Portion** | **Portionen: 4**

Zutaten:

- 125 g Himbeeren
- 500 ml Hafermilch (ungesüßt)
- 60 g Sago

Zubereitung:

1. Die Hafermilch in einen Topf geben und das Sago einrühren. Die Mischung aufkochen lassen und bei niedriger Hitze 30 Minuten unter regelmäßigem Rühren köcheln lassen.
2. Zwischenzeitlich die Himbeeren abspülen, abtropfen lassen und auf 4 Dessertschälchen verteilen.
3. Nach der Kochzeit abschließend den Pudding gleichmäßig auf die Himbeerschälchen verteilen und das Dessert warm oder abgekühlt servieren.

Tipp:

- Im Herbst eignet sich z. B. Sharonfrucht statt Himbeeren.

Dattelkaramell

Minuten: 5 **0,5 g Fett pro Portion** **Portionen: 2**

Zutaten:

- 170 g Medjool Datteln (entsteint)
- 75 ml heißes Wasser
- ⅛ TL gemahlene Vanille

Zubereitung:

1. Die Datteln in ein hohes Gefäß geben und mit dem heißen Wasser übergießen.
2. Die gemahlene Vanille hinzufügen.
3. Die Mischung abschließend mit einem Pürierstab so lange pürieren, bis eine karamellartige Masse entstanden ist.

Tipps:

- Das Dattelkaramell eignet sich zum gesunden Süßen von Kuchen oder als Dip zu sauren Äpfeln.
- Ein paar Meersalzflocken verleihen dem Dattelkaramell eine „Salty Caramel"-Note.

Apfel-Marzipan-Crumble

Minuten: 10 + 20 (Backzeit)

2 g Fett pro Portion

Portionen: 2

Zutaten:

- 200 g Äpfel
- 30 g Apfelmark
- 1 EL Rosinen
- 35 g Mandelmehl
- 40 ml Ahornsirup
- ½ TL Ceylon-Zimt
- 1 Prise Meersalz

Zubereitung:

1. Den Backofen auf 180 °C Umluft vorheizen. 2 kleine ofenfeste Backformen (ca. 10 cm Durchmesser) bereitstellen.
2. Die Äpfel waschen und entkernen. Das Fruchtfleisch mitsamt der Schale in kleine Würfel schneiden und in eine kleine Schüssel geben.
3. Das Apfelmark und die Rosinen hinzugeben und mit dem Zimt vermengen.
4. Die Apfelstücke in die Backformen verteilen und die Äpfel für 10 Minuten vorbacken.

5. Das Mandelmehl und den Ahornsirup in einer Schüssel miteinander vermengen, sodass eine bröselige Masse entsteht.
6. Die Masse über die Äpfel geben und weitere 10 Minuten backen. Abschließend das Crumble aus dem Backofen nehmen und leicht abkühlen lassen, um es lauwarm zu servieren.

Tipp:

- Als Ergänzung zu dem lauwarmen Crumble passt Eis hervorragend. Um auch hier auf eine Clean-Eating-Variante zurückzugreifen, kann beispielsweise das Bananeneis (Rezept S. 172) zubereitet werden.

Gesundheitswissen:

- Äpfel sind reich an starken Antioxidantien, vor allem an Flavonoiden und Polyphenolen. Diese haben die Fähigkeit, die Zellen zu schützen. Sie wirken dazu entzündungshemmend, können den Blutdruck senken, das Risiko von Diabetes Typ 2, Darmkrebs und Alzheimer senken und die Hirnfunktion verbessern.

Bananeneis mit Beerensirup

Minuten: 5 **1 g Fett pro Portion** **Portionen: 1**

Zutaten:

- 2 TK-Bananen
- 50 ml Mandelmilch
- 15 ml Ahornsirup
- 1 TL wildes Heidelbeerpulver

Zubereitung:

1. Die Bananen aus dem Gefrierfach nehmen und etwa 5 Minuten antauen lassen.
2. Währenddessen in einem kleinen Schälchen den Ahornsirup mit dem wilden Heidelbeerpulver verrühren.
3. Die Bananen mit der Mandelmilch in einen Food-Processor (alternativ Küchenmixer) geben und zu einem cremigen Eis pürieren. Dazu am besten mit einem Stößel immer wieder die Masse nach unten drücken.
4. Das Eis in ein Dessertglas umfüllen und abschließend mit dem Beerensirup beträufelt sofort servieren.

Tipp:

- Gefrorene Bananen machen Desserts auch ohne Fettbeigabe cremig und vollmundig. Häufig kann man gefrorene Bananen nicht im Supermarkt kaufen, dafür aber ganz einfach selbst herstellen. Dazu werden die Bananen geschält, in etwa 2 cm dicke Scheiben geschnitten und eingefroren. Zum Einfrieren eignen sich sowohl Glasbehälter als auch Gefrierbeutel. Die Bananen müssen mindestens 4 Stunden gefrieren, um daraus Eis herstellen zu können. Sie halten sich im Eisschrank mehrere Monate und können bei Bedarf portioniert entnommen werden.

Gesundheitswissen:

- Bananen sind eine hervorragende Quelle für viele wichtige Nährstoffe wie Vitamin C, Kalium, Ballaststoffe und B-Vitamine. Außerdem haben bestimmte Verbindungen in Bananen antivirale Eigenschaften, die die Ausbreitung von Viren hemmen können.

Gebackene Banane mit Mohnkaramell

Minuten: 5
+ 15 (Backzeit)

5 g Fett pro Portion

Portionen: 1

Zutaten:

- 1 Banane
- 10 g Blaumohn
- 40 g Dattelkaramell (Rezept S. 169)
- 1 TL Ahornsirup
- 1 TL gepoppte Quinoa

Zubereitung:

1. Den Backofen auf 180 °C Umluft vorheizen. Ein Backblech mit Backpapier auslegen und beiseitestellen.
2. Den Speisemohn mit dem Dattelkaramell in einer Schüssel verkneten, sodass eine feste Masse entsteht.
3. Die Banane in die Hand nehmen und nur einen Streifen der Schale abziehen. Die verbleibende Schale gibt mehr Stabilität beim Befüllen. Das Fruchtfleisch der Banane der Länge nach tief einschneiden. Die Banane mit dem Mohnkaramell befüllen.

4. Die restliche Bananenschale vorsichtig abziehen. Die gefüllte Banane auf dem Backblech platzieren, in den Backofen geben und 15 Minuten backen.

5. Abschließend die gebackene Banane aus dem Backofen nehmen, mit dem Ahornsirup beträufeln, die gepoppte Quinoa aufstreuen und sofort servieren.

Tipp:

- ✔ Für das Backen kleiner Gerichte wie dieses, eignet sich am besten eine Heißluftfritteuse. Dann entfällt die Vorheizzeit und die Banane backt nur 10 Minuten.

Bratäpfel mit Vanillesoße

Minuten: 10
+ 25 (Backzeit)

3 g Fett pro Portion

Portionen: 4
(Stück)

Zutaten:

- 4 kleinere Äpfel
- 6 TL Apfelmark
- 3 TL Rosinen
- 10 g Cashewmus
- 100 ml Mandelmilch
- 25 ml Ahornsirup
- 6 TL Kurkuma-Zimt-Granola (Rezept S. 74)
- 2 TL Kokosblütenzucker
- 3 g Tapiokastärke
- 1 Prise Kurkuma
- ⅛ TL gemahlene Vanille

Zubereitung:

1. Den Backofen auf 180 °C Umluft vorheizen.
2. Die Äpfel waschen und das obere Viertel quer abtrennen. Die Kappen beiseitelegen.
3. Das Kerngehäuse vorsichtig mit einem scharfen Messer heraustrennen. Das Fruchtfleisch mit einem Messer oder Löffel herausheben, sodass ein Raum zum Befüllen entsteht.
4. In einer kleinen Schale das Kurkuma-Zimt-Granola, das Apfelmark, die Rosinen und das Cashewmus miteinander verrühren.

5. Die Äpfel mit der Masse befüllen und den Kokosblütenzucker oben aufstreuen. Die Kappen wieder auf die Äpfel setzen.
6. Die Äpfel in eine feuerfeste Backform stellen und für 25 Minuten in den Backofen geben, bis die Äpfel weich werden und duften.
7. Währenddessen alle restlichen Zutaten in einen kleinen Topf geben, mit einem Schneebesen gründlich verrühren und kurz aufkochen lassen. Die Vanillesoße etwa 2 Minuten unter Rühren köcheln lassen und vom Herd nehmen.
8. Die Äpfel aus dem Backofen nehmen, auf den Tellern verteilen und die Kappen abnehmen. Vor dem Servieren mit der Vanillesoße garnieren.

Tipp:

- Zur Füllung kann auch etwas Dattelkaramell (Rezept S. 169) gegeben werden.

Jelly-Cookies

Minuten: 5 + 10 (Backzeit)

2,5 g Fett pro Portion

Portionen: 10 (Stück)

Zutaten:

- 75 g Hafermehl (glutenfrei)
- 25 g Kartoffelstärke
- 40 g Cashewmus
- 60 ml Ahornsirup
- ¾ TL Weinsteinbackpulver
- 20 g Erdbeer-Vanille-Marmelade (Rezept S. 78)

Zubereitung:

1. Den Backofen auf 160 °C vorheizen. Ein Backblech mit Backpapier auslegen und beiseitestellen.
2. In einer Schale das Cashewmus und den Ahornsirup miteinander verrühren. Das Hafermehl, die Kartoffelstärke und das Backpulver dazugeben und alles zu einem festen Teig verkneten.
3. Aus dem Teig 10 Bällchen formen und zwischen den Händen platt drücken. Die Taler auf dem Backblech auslegen und in jeden mit dem Daumen eine Mulde drücken.
4. Die Erdbeer-Vanille-Marmelade in die Mulden verteilen. Die Cookies für 10 Minuten in den Backofen geben.

5. Die Cookies abschließend aus dem Backofen nehmen und vor dem Servieren kurz abkühlen lassen.

Tipps:

- Die Cookies halten sich luftdicht verschlossen etwa 2 bis 3 Tage.
- Um die Cookies abwechslungsreich zu gestalten, kann die Marmelade auch mit anderen Früchten, z. B. Himbeeren, gekocht werden.

Getränke

„Grüne Göttin“-Smoothie

Minuten: 5 **0,5 g Fett pro Portion** **Portionen: 1**

Zutaten:

- 50 g Babyspinat
- 1 Banane
- 100 g TK-Mango
- 1 TL Gerstengrassaftpulver
- 1 Orange
- 200 ml Wasser (alt. Kokoswasser)

Zubereitung:

1. Den Babyspinat waschen und abtropfen lassen. Die Banane schälen. Die Orange mit einer Saftpresse auspressen.
2. Alle Zutaten aus Schritt 1 mit der gefrorenen Mango, dem Gerstengrassaftpulver und dem Wasser oder Kokoswasser in einen Hochleistungsmixer (alternativ Küchenmixer) füllen.
3. Auf höchster Stufe so lange mixen, bis abschließend ein cremiger grüner Smoothie entsteht.

💡 **Tipps:**

- ✔ Der fertige Smoothie kann 1 bis 2 Tage im Kühlschrank aufbewahrt werden.
- ✔ Mindestens eine gefrorene Komponente ist wichtig für die Textur. Es kann auch 100 g frische Mango und dafür eine gefrorene Banane verwendet werden.
- ✔ Anstelle des Babyspinats eignen sich auch wilde Kräuter wie z. B. Löwenzahn, Vogelmiere, Giersch oder Brennnessel.

Melonen-Vanille-Smoothie

Minuten: 5 **0,5 g Fett pro Portion** **Portionen: 2**

Zutaten:

- ¾ Galiamelone
- 200 ml Kokoswasser
- 30 ml Ahornsirup
- ¼ TL gemahlene Vanille
- Eiswürfel (alt. Crushed Ice)

Zubereitung:

1. Die Melone schälen und entkernen. Das Fruchtfleisch in grobe Würfel schneiden.
2. Die Galiamelonenwürfel, das Kokoswasser, den Ahornsirup und die gemahlene Vanille in einen Hochleistungsmixer (alternativ Küchenmixer) geben und etwa 30 Sekunden auf hoher Stufe zu einem cremigen Smoothie pürieren.
3. 2 Gläser jeweils zur Hälfte mit Eiswürfeln oder Crushed Ice befüllen und abschließend mit dem Smoothie aufgießen.

Tipp:

- Ein paar Eiswürfel mitzumixen, macht den Smoothie cremiger.

Trauben-Sommerdrink

Minuten: 5 | **0,5 g Fett pro Portion** | **Portionen: 2**

Zutaten:

- 50 g Heidelbeeren
- 140 g Crushed Ice
- 120 ml roter Traubensaft
- 2 Stängel Melisse (alternativ Minze)

Zubereitung:

1. Die Heidelbeeren in einer Schale mit dem Crushed Ice vermengen.
2. 2 (Champagner-)Gläser mit dem Heidelbeer-Crushed Ice auffüllen.
3. Den Traubensaft darüber geben, abschließend mit der Minze oder Melisse garnieren und sofort servieren.

Tipp:

- Dieser kühle Sommerdrink wird mit einem zusätzlichen Schuss abgekühltem Pfefferminztee noch raffinierter.

Hibiskuslimonade

Minuten: 5 + 10 (Ziehzeit)

0,5 g Fett pro Portion

Portionen: 2

Zutaten:

- 500 ml Wasser (still oder sprudelnd)
- 5 g Hibiskusblüten (getrocknet)
- 20 ml Ahornsirup
- 1 EL Limettensaft

Zubereitung:

1. Das Wasser in eine Kanne füllen. Die Hibiskusblüten hinzufügen, kurz umrühren und 10 Minuten in dem Wasser ziehen lassen.
2. Das rosa gefärbte Wasser vorsichtig durch ein Sieb geben, damit die Hibiskusblüten herausgefiltert werden.
3. Die Limonade abschließend mit dem Ahornsirup und dem Limettensaft abschmecken und gekühlt servieren.

Tipps:

- Die Hibiskuslimonade kann auch mit Apfelsaft oder -schorle angesetzt werden. Dann kann auf den Ahornsirup als Süße verzichtet werden, da der Apfelsatz bereits Süße enthält.
- Es lohnt sich, gleich einen großen Beutel getrocknete Hibiskusblüten zu bestellen. An kalten Tagen lässt sich daraus ein wärmender Tee zubereiten und an warmen Tagen Limonade.

Gesundheitswissen:

- Hibiskusblüten sind reich an Vitamin C und anderen Antioxidantien.
- Die tiefroten Blüten des Hibiskus sind äußerst wohltuend und verjüngend für die Leber und Gallenblase.

Vitamin-C-Shots

Minuten: 5 | **0,5 g Fett pro Portion** | **Portionen: 3**

Zutaten:

- 2 Orangen
- 1 rote Paprika
- ½ Zitrone

Zubereitung:

1. Die Orangen und die Zitrone aufschneiden und mit einer Zitronenpresse auspressen. Den Saft in einen Messbecher umfüllen und beiseitestellen.
2. Die Paprika waschen und das Kerngehäuse sowie den Stielansatz herausschneiden. Die Paprika in grobe Streifen schneiden und durch einen Entsafter geben.
3. Den Paprikasaft zum Zitronenfruchtsaft in den Messbecher füllen und mit einem Löffel vermengen.
4. Den Saft abschließend auf 3 bis 4 Shotgläser aufteilen und servieren.

Tipp:

- Die Shots lassen sich auch ohne Entsafter zubereiten. Dazu kann die Paprika mit etwas Wasser in einem Küchenmixer püriert und anschließend durch ein Baumwolltuch gepresst werden, um den Saft herauszufiltern.

Cup-no-cino

Minuten: 5 **1 g Fett pro Portion** **Portionen: 1**

Zutaten:

- 50 ml Mandelmilch
- 180 ml Wasser
- 1 TL Ahornsirup
- 2 TL Zichorienwurzelkaffee
- 1 Prise Kokosblütenzucker

Zubereitung:

1. Das Wasser aufkochen.
2. Den Zichorienwurzelkaffee in eine Tasse geben und mit dem heißen Wasser aufgießen. Den Ahornsirup einrühren.
3. Die Mandelmilch mit einem Milchaufschäumer verquirlen, bis sie schaumig wird. Die Mandelmilch mit dem Schaum auf den Zichorienwurzelkaffee gießen.
4. Abschließend mit Kokosblütenzucker betreuen und servieren.

Tipp:

- Die Mandelmilch muss gut gekühlt sein, damit sie sich aufschäumen lässt.

Nachwort

Infos zum Buch

Dieses Kochbuch ist ein modernes Rezeptbuch für alle, die ohne Zusatzstoffe und möglichst natürlich kochen möchten. Alle Gerichte aus diesem Buch werden vegan, fettarm, glutenfrei und ohne raffinierten Zucker zubereitet. Die Rezepte sind vielseitig, nährstoffreich und köstlich. Bei Unverträglichkeiten oder Allergien können sie ebenso hilfreich sein wie bei Verdauungsbeschwerden und Gewichtsproblemen.

Dieses Buch ist kein typisches Kochbuch, vollgestopft mit Hochglanzfotos und unverständlicher Theorie – es ist eine Sammlung leckerer Rezepte, die jede Person einfach nachkochen kann. Das Layout des Buches wurde dabei bewusst minimalistisch gehalten; auf unnötige Ausführungen und Exkurse wurde verzichtet. Stattdessen stehen die Rezepte mit klaren Anleitungen im Fokus, denn mehr braucht es nicht für ein cleanes und veganes Gericht.

Aber das ist noch nicht alles: Denn dieses Buch wurde von unserem kleinen veggie + Verlag fair und hochwertig produziert. Wir arbeiten mit regionalen Designerinnen sowie Lektoren zusammen und lassen unsere Hardcover-Bücher komplett in Deutschland herstellen. Alle an der Produktionskette beteiligten Partner werden von uns fair behandelt – und fair bezahlt. Allesamt kleine und mittelständische Unternehmen, die mit Herzblut bei der Sache sind und mit denen wir ein gemeinsames Ziel verfolgen: hochwertige Produkte zu erzeugen, die unsere Leserinnen und Leser glücklich machen.

Unsere Bücher entstehen unter nachhaltigen Bedingungen, schonen die Umwelt und fördern die regionale Wirtschaft. Und genau das unterstützt du, wenn du dir dieses Buch zugelegt hast.

High Five dafür!

Über die Autorin

Luise Brechbühler, Jahrgang 1985, lebt mit ihrer Familie in einer Kleinstadt bei Hannover. Neben der Gartenarbeit liebt sie es, zu lesen und zu kochen. Sie ist selbstständige Ernährungsberaterin, ganzheitliche Gesundheitsberaterin und Bloggerin.

Luise Brechbühler ist Gründerin des Blogs holyhealthybody.de sowie ihrer Online- Praxis für ganzheitliche Gesundheitsberatung (krautundkraft.de). Außerdem findest du sie bei Instagram unter @holyhealthybody.

Schon als Kind interessierte sich Luise dafür, wie die Natur die Menschen heilen kann. Über viele Jahre hinweg beschäftigt sie sich nun mit den ganzheitlichen Zusammenhängen zwischen einem gesunden Lebensstil und der Gesundheit.

Besonders fasziniert ist sie von den wohltuenden Wirkungen einer gesunden Ernährung. Im vorliegenden Buch hat sie Gesundheitswissen mit Clean-Eating-Rezepten verbunden, um anderen Menschen den Zugang zu diesem Wissen zu erleichtern.

Das ist Luise

Dankeschön

Um dieses Buch schreiben zu können, habe ich sehr viel Unterstützung erhalten, wofür ich mich an dieser Stelle gerne bedanken möchte.

Mein Dank gilt den Menschen auf meinen Social-Media-Kanälen, den Lesern meines Blogs und meinen Klienten, die mir immer wieder zeigen, wie sehr sie schätzen, was ich mache. Dank euch habe ich die Motivation nie verloren, mein Wissen nach außen zu tragen.

Ein besonderes Dankeschön möchte ich Tim Reichel aussprechen, der mir mit seiner Zeit und Expertise immer zur Seite stand. Man merkt, dass dir die Zufriedenheit der Autoren wichtig ist, und es hat sehr viel Spaß gemacht, mit dir zusammenzuarbeiten. Ohne dich hätte ich meinen Traum, ein Buch zu veröffentlichen, vorerst nicht verwirklichen können.

Ich danke auch Hannah Dautzenberg für ihr Vertrauen, das sie mir von Anfang an spürbar entgegengebracht hat. Du hast mir immer mit gutem Rat beigestanden und ich danke dir für deine herzliche Art der Unterstützung.

Natürlich auch ein herzliches Dankeschön an meine Lektorin Diana Steinborn, für die sympathische und professionelle Arbeit.

Ein riesiges Danke möchte ich auch meiner Familie entgegenbringen. Vor allem bedanke ich mich bei meinen beiden Kindern für ihr Verständnis, dass Mama viel Zeit zum Schreiben, Kochen und Fotografieren brauchte. Und natürlich für euer ehrliches Feedback. Ich hoffe, dass ihr dieses Buch später auch für euch nutzt. Danke auch an meinen Mann, der beim Anblick der Küche immer ruhig geblieben ist.

Vielen lieben Dank an euch alle.

Luise Brechbühler, Oktober 2023

Quellenverzeichnis

1 Dr. Fuhrman: Eat for health, Kandern 2019, S.32.

2 Aune, et al.: Fruit and vegetable intake and the risk of cardiovascular disease, total cancer and all-cause mortality: a systematic review and dose-response meta analysis of prospective studies, in: International Journal of Epidemiology, 2017, Jg. 46, Nr.3, S. 1029-1056.

3 Bazzano, et al.: Intake of fruit, vegetables, and fruit juices and risk of diabetes in women, in: Diabetes Care, 2008, Jg. 31, Nr.7, S. 1311-1317.

4 Dr. Graham - Die 80/10/10 -High-Carb-Diät, Kandern 2015, S. 115.

5 Boeing et al.: Critical review: vegetables and fruit in the prevention of chronic diseases, in: European Journal of Nutrition, 2012, Jg. 51, Nr.6, S. 637-663.

6 Baker et al.: Ultra-processed foods and the nutrition transition: Global, regional and national trends, food systems transformations and political economy drivers, in: Obesity Reviews, 2020.

7 Schnabel et al.: Association between ultraprocessed food consumption and risk of mortality among middle-aged adults in France, in: JAMA Internal Medicine,2019, Jg. 179, Nr.4, S. 490-498.

8 Debras et al.: Artificial sweeteners and cancer risk: Results from the NutriNet-Santé population-based cohort study, in: PLoS Med, 2022.

9 Lussi et al.: The role of diet in the aetiology of dental erosion, in: Caries Research, 2004.

10 Itoh et al.: Effects of acetatic acid and vinegar on blood glucose and insulin responses to orally administered sucrose and starch, in: Bioscience, Biotechnology, and Biochemistry, 2009, Jg. 73, Nr.8, S. 1837-1843.

11 Craig: Health effects of vegan diets. The American Journal of Clinical Nutrition, 2009, Jg. 89, Nr.5, S. 1627-1633.

12 Tonstad et al: Type of vegetarian diet, body weight, and prevalence of type 2 diabetes, in: Diabetes Care, 2009, Jg. 32, Nr.5, S.791-796.

13 Campbell: Whole food, plant-based diets and the benefits of plant-based nutrition, in: Nutrition Reviews, 2014, Jg. 72, Nr.9, S. 524-531.

14 Anderson: High carbohydrate, high-fiber diets for insulin-treated men with diabetes mellitus, in: The American Journal of Clinical Nutrition, 1979, Jg. 32, Nr. 11, S. 2312-21.

15 Bundesministerium für Umwelt, Naturschutz und Reaktorsicherheit: Dioxin- und PCB- Einträge in Lebensmittel vermeiden, 2009, www.gfrs.de/fileadmin/files/1UBA_Leitfaden__Dioxin_2009.pdf, S. 8.

16 Europäische Behörde für Lebensmittelsicherheit: Dioxine und PCB, www.efsa.europa.eu/de/topics/topic/dioxins-and-pcbs/.

17 American Dietetic Association; Dietitians of Canada: Position of the American Dietetic Association and Dietitians of Canada: vegetarian diets, in: Canadian Journal of Dietetic Practice and Research, 2003, Jg. 64, Nr.2, S. 62-81.

18 Young et al.: Plant proteins in relation to human protein and amino acid nutrition, in: American Journal of Clinical Nutrition, 1994, Jg. 59, Nr.5, S. 1203-1212.

19 William: Heile dein Gehirn, München 2023, S. 488.

20 Deutsche Gesellschaft für Ernährung e. V.: Vollwertig essen und trinken nach den 10 Regeln der DGE, www.dge.de/presse/pm/dge-empfiehlt-auf-fettmenge-und-qualitaet-achten.

21 Kushi et al.: American cancer society guidelines on nutrition and physical activity for cancer prevention: reducing the risk of cancer with healthy food choices and physical activity, in: A Cancer Journal for Clinicians, 2006, Jg. 56, Nr.5, S. 254-281.

22 Esselstyn et al.: A way to reverse CAD?, in: The Journal of family practice, 2014, Jg. 63, Nr.7, S. 356-364b.

23 Deutsche Gesellschaft für Ernährung e. V.: Vollwertig essen und trinken nach den 10 Regeln der DGE, www.dge.de/presse/pm/dge-empfiehlt-auf-fettmenge-und-qualitaet-achten.

24 Dr. Greger: How not to diet, Köln 2020, S. 207.

25 Björntorp P et al.: Carbohydrate storage in man: speculations and some quantitative considerations, in: Metabolism-Clinical and Experimental, 1978, Jg.27, Nr. 12, S. 1853–1865.

26 Ruge et al.: Fasted to fed trafficking of fatty acids in human adipose tissue reveals a novel regulatory step for enhanced fat storage, in: The Journal of Clinical Endocrinol and Metabolism, 2009, Jg. 94, Nr.5, S. 1781–1788.

27 Environmental Working Group, EWG's 2023 Shopper's Guide to Pesticides in Produce – Dirty Dozen, 2023, www.ewg.org/foodnews/dirty-dozen.php.

28 Environmental Working Group, EWG's 2023 Shopper's Guide to Pesticides in Produce – Clean Fifteen, 2023, www.ewg.org/foodnews/clean-fifteen.php.

29 William: Heile deine Leber, München 2019, S. 157.

Hier kannst du dein Bonusmaterial ansehen:

www.veggieplus.de/bonus-clean-eating

Vielen Dank!

Printed in Poland
by Amazon Fulfillment
Poland Sp. z o.o., Wrocław

26019848R00118